中华民族史记

第五卷

激荡融合

徐杰舜◎主编
罗树杰◎著

海峡出版发行集团
THE STRAITS PUBLISHING & DISTRIBUTING GROUP
福建教育出版社

图书在版编目（CIP）数据

激荡融合/罗树杰著. －福州：福建教育出版社，
2014.8
（中华民族史记/徐杰舜主编；5）
ISBN 978-7-5334-6509-4

I. ①激… II. ①罗… III. ①中华民族－民族
历史－宋代～明代－通俗读物 IV. ①K28-49

中国版本图书馆 CIP 数据核字（2014）第 150586 号

《中华民族史记》总目

目　录

汉族的壮大及各民族的整合交融

在唐末五代十国民族关系大转型中建立起来的宋朝，一开始就面对北方金戈铁马的辽，继而又遭遇西北"英雄之生，当王霸耳"的西夏。在宋、辽、西夏三足鼎立之中，战争与和平交织，民族互动与认同在政治、经济和文化各个层面不断深入。到了南宋与金南北对峙，在战争与和平的博弈之中，中华大地上再一次出现了民族大迁徙、大融合的潮流。汉人大量南迁，北方少数民族入主中原，在民族互动的潮流中，汉族再一次得到了发展。与此同时，发育一向缓慢的南方少数民族，也进入了新的发展时期，壮、瑶、侗、布依等民族悄然亮相。

蒙古族在北方草原崛起，一代天骄成吉思汗及其继承人历经近七十年，吞西夏，服金朝，招抚吐蕃，平定大理，灭亡南宋，蒙古族终"以马上得天下"，统一了中国，开启了少数民族统一中国的历史。

元朝将国人分为四个等级构筑的民族藩篱，没能改变中华民族融合的历史潮流。在元末农民大起义的浪潮中，朱元璋脱颖而出，灭亡元朝，建立明朝。

历史的演进，并不是简单的重复，而是一种螺旋式的上升。从宋、辽、西夏、金到元、明，中华民族的核心汉族得到了壮大，中国各民族之间的互动与认同加深了，重要的是中华民族意识的萌芽，铸造了中华民族凝聚力的精神支柱。在684年的历史风雨中，激荡洗礼，整合交融，衍生出了多少可歌可泣、可圈可点的动人故事！让我们仔细去领悟、去品味、去思考吧！

彩绘朱雀木雕
辽朝。内蒙古翁牛特旗朝格温都苏木出土。翁牛特旗博物馆藏。

1. 契丹建国

中国东北地区民族的发展过程，像割韭菜一样，一茬又一茬地割，又一茬一茬地长。从白山黑水之间走出来的鲜卑族，早已在魏晋南北朝的民族大分化中被融进了其他民族。但曾几何时，留在白山黑水的"根"，北魏时自号"契丹"，又悄然发展壮大起来。

唐朝末年，藩镇割据，国力衰弱。契丹族趁机采取远交近攻的策略，不断向南扩张，就在这时，耶律阿保机登上了历史舞台。阿保机不仅在塞外扩充势力，为了解除南边唐朝的威胁，还周旋于唐末两个最强大的藩镇李克用与朱全忠之间。唐天祐二年（905），阿保机与李克用会盟，饮酒约为兄弟，并交换战袍，李克用赠给阿保机金钱和丝绸，阿保机则回赠战马和其他牲口。阿保机还答应帮李克用对付朱全忠，但他并没有践约，而是对李、朱二人的示好持暧昧态度，为自己谋利益。

唐朝宣告灭亡的那一年（907），阿保机当上了契丹八部联盟的可汗。按照契丹族的传统，联盟可汗每三年要重新选举，但阿保机任期满后并没有交出大权，一干就是九年，这引起了他的兄弟和其他部落可汗的不满。兄弟们曾经连续叛乱三次，都被阿保机打败了。有一次，七个部落的酋长联合起来，在阿保机出征归来的途中劫持了他，强迫他退让可汗之位。为了保存实力，阿保机要求允许他自己的部落独立，理由是部落里有很多汉人，必须单独治理。七个部落酋长没有觉察到阿保机的计谋，就同意了他的要求。

阿保机的领地土地肥沃，还有盐、铁等重要资源。契丹本是以畜牧为主的民族，以马为富，以兵为强。但从阿保机的祖父开始，便学着汉人过上了定居

契丹文银钱（正、反面）
辽上京皇城遗址出土。这是耶律阿保机为庆祝建国铸造的可以流通的纪念币。正面所刻阳文译为"天朝万岁"，背面所刻阴文为契丹小字，目前不识，这是一种变异了的汉字，被称为"胡书"。

生活。阿保机的祖父教契丹人耕田，阿保机的父亲开始冶铁和制造铁器，阿保机的叔父则教百姓种桑麻，学习纺织和盖房子，部落经济得到了迅速发展。阿保机收容了大批汉人，促进了部落农业和手工业的进一步发展，他决心倚仗雄厚的力量，消灭其他七个部落。

阿保机的妻子述律平是个有勇有谋的女子，给他出了个盐池伏兵的计谋。于是，阿保机派人通知其他七个部落酋长：各部吃盐都靠我的盐池，你们只知道吃盐，不知盐是有主人的，你们难道不应当来犒赏我一下吗？七个部落酋长为了能照常得到盐，只好相约带上酒肉，来到阿保机的盐池聚会。阿保机设下伏兵，在七部酋长宴饮正酣时，动手把他们全杀了。

后梁贞明二年（916），阿保机称帝建国，国号契丹，契丹族正式登上中国

双面人头形金花银饰

内蒙古赤峰市大营子驸马赠卫国王墓出土。双面人头与上窄下宽的六面体连为一体，用途不详。有专家认为驸马赠卫国王可能是耶律阿保机的女婿。

历史舞台。

两年后契丹都城建成，称为"皇都"，后改称"上京"。

大同元年（947），阿保机的儿子辽太宗改国号为"大辽"，"辽"从此成为中国的一个朝代名。

>>>阅读指南

刘喜民：《契丹大帝耶律阿保机》。河北大学出版社，2009年1月。

李强：《辽太祖阿保机的耶律家族》。金城出版社，2012年3月。

>>>寻踪觅迹

内蒙古巴林左旗 契丹和辽文化的发祥地，有辽太祖陵遗址、辽上京遗址、辽代石窟等相关古迹，辽上京博物馆有众多相关文物。

嵌宝石鎏金包银漆盒

内蒙古科左后旗吐尔基山辽墓出土。墓主身份是个谜，专家根据出土的大量精美文物推测她可能是耶律阿保机的女儿或妹妹。内蒙古博物院藏。

2. 视汉人为眼睛和手

散乐图 （局部）

河北宣化县辽代张世卿墓壁画。张世卿是汉族地方士绅，因慷慨救灾被皇帝特授官职。其子与耶律氏通婚，是"辽汉亲善"的典范之家。宣化张氏家族墓壁画中，有汉人也有契丹人，反映了契丹族和汉族习俗并存交融的特点。

五代时期，中原陷入混战，后梁卢龙节度使刘守光也趁机称王，建立大燕国，可是国力甚微。刘守光想寻找可以依靠的力量，恰巧这时耶律阿保机当上了契丹可汗，刘守光就派参军韩延徽出使契丹，借祝贺阿保机高升的名义，谋求契丹的保护。韩延徽向阿保机行拱手礼，阿保机很不高兴，斥问他为什么不行跪礼。韩延徽说中原使者没有下跪的习惯，阿保机非常生气，就把他扣留起来。

阿保机的妻子述律平知道后，对他

>>>阅读指南

　　王善军：《世家大族与辽代社会》。人民出版社，2008 年 12 月。

　　张国庆：《辽代社会史研究》。中国社会科学出版社，2006 年 7 月。

说：我听说韩延徽是个足智多谋的人才，你日夜寻思着如何让契丹尽快强大起来，为什么不想办法留下他呢？阿保机觉得有理，马上下令释放韩延徽，以高规格的礼仪招待，并一再道歉。韩延徽见阿保机态度十分诚恳，就对他说：当今藩镇割据，中原战乱不止，百姓生活在水深火热之中，但乱世出英雄，也正是可汗干一番事业的时候。这话非常符合阿保机的心意，于是两人谈得十分投机。韩延徽独特的见解征服了一向高傲的阿保机，阿保机当即就拜韩延徽为上宾，劝他脱离刘守光，做自己的谋士。韩延徽非常感激阿保机的赏识，就答应了。

韩延徽给阿保机出谋划策，深受倚重。韩延徽是个孝子，身在契丹，非常思念还在中原的老母亲，但又担心阿保机不同意自己回家探望，于是便偷偷溜回家陪母亲住了几天，并与亲朋好友叙旧。当他准备返回契丹时，亲朋劝道：你私自跑回来，现在回去，万一阿保机怪罪，岂不是自寻死路？韩延徽自信地说：我现在就像阿保机的眼睛和手，我离开契丹，他就如同一个无手臂的瞎子；我回去了，他就能重见光明，两手重生。他应该高兴才对，怎么会怪罪我呢？

果然，阿保机不但没有怪罪韩延徽，还为他举行了盛大的欢迎仪式，并给他取了一个契丹名字"匣列"，意思就是"复归"。韩延徽知恩图报，对阿保机忠心耿耿，献计献策帮助契丹征服了周围的许多弱小部族，兼并了党项、室韦各

河北宣化县辽代张氏家族墓壁画温酒图

河北宣化县辽代张世卿墓壁画备宴图

河北宣化县辽代张世卿墓壁画出行图（局部）

部，逐步实现了北方的统一。

阿保机特别注意吸收汉人为自己所用，采纳得当的治国谋略。当时，许多中原汉人为躲避战乱，流落契丹，但他们不适应东北地区漫长而寒冷的冬季，也住不惯帐篷。韩延徽就劝阿保机发展农业，留住这些汉人，并模仿中原的样子修建城池，让他们能安居乐业。阿保机一一照办。从此，契丹也出现了城镇。

韩延徽先后辅佐了辽代四位皇帝，都受到重用。随着辽的扩张，许多汉族地区成为辽的统治范围，契丹贵族通过笼络大量汉族知识分子，对这些地区加强管理。辽太宗耶律德光还仿效汉族皇帝的做法，让下属举荐有才德的人，考核突出的，马上就可以担任高官。康默记、韩知古、张砺等汉族人士都为契丹的发展贡献了力量。

契丹族笼络汉族知识分子的政策在一定程度上维护了汉族地区的社会稳定，促进了汉人和契丹人的友好相处。

>>>寻踪觅迹

辽中京大定府遗址　位于内蒙古宁城县大明乡，为辽中晚期都城，其格局仿照北宋都城汴梁，包括外城、内城和皇城三部分，是契丹创造性吸收汉文化的典范之作。遗址上建有辽中京博物馆。

3. 契丹统一北方

公元 926 年底初的一天，渤海国上京城龙泉府（今黑龙江宁安市渤海镇），渤海国王大𬤀（yīn）𬤇全身素装，手牵绵羊，300 余名朝官随后，沿百米宽的朱雀大街，徐徐走到辽太祖耶律阿保机面前，一齐跪地顿首，表示臣服。他们是在耶律阿保机 20 万大军的团团包围下，在抵抗了六天之后，彻底失去了抗衡的信心，打开城门投降的。这样，阿保机以迅雷不及掩耳之势，仅用了二三十天，就灭亡了具有 229 年历史、曾名扬东亚的渤海国。

其实，消灭渤海国只是阿保机统一东北的最后行动。在耶律阿保机建立契丹国之前，除渤海外，东北地区还有奚、室韦、乌古等势力比较大的民族。奚是契丹的近邻，两个民族的语言、风俗都相近，耶律阿保机对奚采取了武力征服、联姻、结盟等

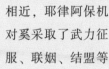

鎏金铜铎
内蒙古阿鲁科尔沁旗耶律羽之墓出土。耶律羽之为辽开国功臣，东丹国左丞相。内蒙古博物院藏。

鎏金银双凤饰件
辽宁凌源市小喇嘛沟辽墓出土，辽宁省博物馆藏。

多种策略，使奚全部臣服。

室韦的族源众说纷纭，有源于鲜卑、乌桓、肃慎、丁零等不同说法，很多学者认为室韦与契丹同源，都出于东胡族系的鲜卑，居住在南部的称为契丹，居住在北部的号室韦。室韦之名最早见于北魏，从那时起，室韦各部开始与中原王朝通贡。突厥统治蒙古高原后，室韦臣属于突厥。

唐朝时室韦分为二十余部，与唐朝

>>>阅读指南

汪德贤、刘汪洋等：《辽·五代演义》。内蒙古少年儿童出版社，2006 年 6 月。

林攀：《失落的渤海古国》。华龄出版社，2010 年 1 月。

东丹王出行图
(局部)
辽朝耶律倍作。
左一即辽东丹
王耶律倍,此
画具有自画像
性质。美国波
士顿艺术博物
馆藏。

关系密切,曾数十次遣使朝贡,将马、豹、貂等方物输入中原,同时接受唐朝授予的官职和帛、锦彩、银器等赏赐。唐在其地设立室韦都督府,委任室韦首领为大都督、都督进行管辖。唐朝后期政局不稳,室韦也附离不常。唐末中原大乱,唐朝无暇东顾,契丹乘机连连北进,多次出兵征伐室韦,一部分室韦被征服,一部分被迫西迁或南徙,并重新组合,改号易名。

耶律阿保机建国后,展开了更大规模的扩张行动。916年,阿保机侵掠突厥、吐谷浑、党项、沙陀各部,俘虏各部酋长及民户一万多人,还有无数驼马牛羊。924年,阿保机再次西征吐谷浑、党项、鞑靼各部,北达乌孤山(今蒙古国肯特山),迫使甘州回鹘臣服纳贡,并把自公元840年以来占领回鹘故地的突厥黠戛斯人逐回叶尼塞河上游和西部草原。

耶律阿保机经过多次征讨,才迫使乌古族称臣纳贡,但是整个辽代,乌古都时叛时服。除了派契丹人为节度使管理乌古部外,辽朝还采用分而治之的办法瓦解乌古族。辽亡后,一部分乌古人西迁,余众降金,从此不见于史籍记载。

契丹灭亡渤海国后,改渤海为东丹国(意为东契丹),耶律阿保机封长子耶律倍为东丹王,仍沿用渤海旧制,任用渤海旧臣,根据渤海的传统习惯进行管理。但很多渤海人不愿接受契丹的统治,大批外逃。为了加强控制,契丹贵族强迫留下的渤海人迁离故土,大约只剩下两万户十万渤海人仍留居故地。逃亡和外迁的渤海人逐渐融合于女真、汉等民族之中,留居故土的渤海人成为满族先民的一支。

契丹对外扩张并统一北方,为北方经济、文化的发展提供了相对和平的环境,使北方各族人民与大量汉人杂居在一起,在辽政权的统一管理下,加强了联系,促进了融合。

>>>寻踪觅迹

渤海国上京遗址 位于黑龙江宁安市渤海镇,尚存上京龙泉府、古井、禁苑、街坛、寺庙、古墓、古桥、兴隆寺等遗址。

4. 五个都城 四时捺钵

辽代共有五个都城（"五京"）：上京、中京、东京、南京（又称燕京）、西京，这在中国历史上是独一无二的。上京和中京分别是辽前期和后期的政治中心，其他三个是陪都，东京辽阳府位于今辽宁省辽阳市，西京大同府位于今山西大同市，南京析津府位于今北京西南。

辽为什么要设立这么多都城呢？这与契丹族的传统生产方式有关。契丹是一个游牧、游猎民族，经常流动是他们的生产特点。在迁徙中议事、处理公务，本来就是他们的古老传统。建立国家后，契丹统治者探索出了适合游牧经济的国家管理方式：一方面模仿中原王朝建立都城（"五京"），设置州县，完备国家的行政建置；另一方面结合契丹民族游牧的特点，采用四时捺钵的形式，在捺钵

骨鸣镝
契丹等古代北方民族使用的一种响箭，在狩猎时常用。内蒙古博物院藏。

雁形漆盒
内蒙古科左后旗吐尔基山辽墓出土。契丹人在春捺钵时有猎雁的习俗。内蒙古博物院藏。

中决定军国大政方针。

"五京"各有各的妙用。上京是皇都；中京是辽圣宗时期的都城，是辽宋关系变化形势下的产物；南京是辽在华北的政治、军事和经济中心，其建筑基本是沿用唐代的幽州旧城；东京主要治理渤海国故地；西京是西部军事要冲，是辽的边防重镇。"五京"不仅是五个政治中心，也是五个经济文化中心，对于繁荣商业与交通，促进民族交流，起到了积极作用。

捺钵，契丹语意思是行营、行帐、营盘，是辽代皇帝出行时的行宫。皇帝也像牧民一样随着季节、气候和水草的变化四时游徙，在各地设立的行帐中一边游猎，一边办公，同时冬季避寒，夏

季避暑，由此便产生了春捺钵、夏捺钵、秋捺钵、冬捺钵的四时捺钵制度。

辽圣宗之后，四时捺钵各有了固定的地点，并形成制度。春捺钵在鱼儿泺（今洮儿河下游月亮泡）、鸭子河（今松花江吉林省段），有时在鸳鸯泺（今内蒙古察哈尔右翼前旗黄旗海）。这些地方野生鹅鸭成群，大雁云集，最适合纵鹰放鹘追猎。辽代皇帝每年正月出发，约两个月时间到达鸭子河，这时正值初春，阳光灿烂，但因天气尚冷，鹅、鸭和雁群还在南方，辽朝君臣便在冰上搭帐居住，先凿冰捕鱼。等到春暖花开，冰雪消融，大批鹅、鸭、雁光临鸭子河，他们便开始纵鹰放箭，春捺钵活动正式开始。第一个打得猎物的人要将猎物献给皇帝，皇帝祭祀后群臣各献酒果，纵饮作乐。春捺钵时皇帝还会接见附近少数民族酋长。

玉臂鞲（gōu）
内蒙古奈曼旗辽陈国公主墓出土。臂鞲是辽代特有的驯鹰工具，呈瓦片状，套在臂上，鹰站在上面，可以防止鹰爪抓伤身体。内蒙古博物院藏。

夏捺钵通常设在避暑胜地，主要在永安山（今内蒙古锡林郭勒盟东部）或炭山（今河北黑龙山支脉西端）。当四月中旬春尽，辽朝皇帝牙帐就要向夏捺钵地转移，六月上旬到达目的地，一般居留50天左右。君臣理政之余，在山林、河谷间尽情游猎。

秋捺钵设在便于猎鹿、熊和虎的场所，主要地点在庆州伏虎林（今内蒙古巴林右旗境内）。相传辽景宗耶律贤曾率数骑在这里游猎，凶猛的老虎慑于景宗的皇威，伏在草中不敢动弹，此地因此而得名。开泰五年（1016）秋天，辽圣宗耶律隆绪在秋捺钵时曾发生过一件惊险的事。当时辽圣宗正举弓准备射猎老虎，他乘坐的骏马见到猛虎突然紧张起来，圣宗一时无法发箭，凶猛的老虎则

>>>阅读指南

刘喜民：《契丹大辽九帝》。内蒙古人民出版社，2011年1月。

承天：《契丹帝国传奇》。中国国际广播出版社，2008年1月。

内蒙古宁城县辽中京遗址出土的石狮镇

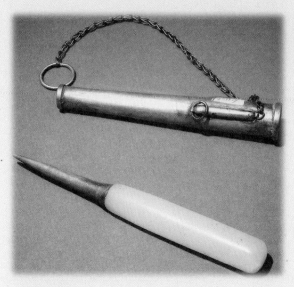

玉柄银刺鹅锥

内蒙古奈曼旗辽陈国公主墓出土。狩猎用具，用来将捕获的天鹅等猎物刺死。内蒙古博物院藏。

里地势平坦，多沙碛，榆柳成林，冬季较为暖和。辽朝君臣既在此避寒过冬，又以游猎养性，借狩猎讲武、训练士兵。

四时捺钵以冬、夏两次最为重要，军国大政都在这时的南北臣僚会议上讨论决定。皇帝捺钵时，契丹族大小内外臣僚都必须从行，汉官则大部分留守京都处理政务。

四时捺钵不是汉人眼里的所谓"四时无定，荒于游猎"。辽朝统治者通过捺钵中的渔猎活动，教育契丹贵族不忘立国的资本——铁马骏骑本色。

四时捺钵制既适应了游牧、渔猎民族的传统习俗，又结合中原官制对定居的汉人进行有效管理，还兼顾度假和玩乐，是契丹人的一大创举。

风驰电掣般怒扑过来，左右侍从目瞪口呆，多数人四散奔逃。危急时刻，负责管理猎场的陈昭衮舍弃坐骑，纵身跃上虎背，双手紧紧抓住老虎的耳朵。老虎慌忙往山林逃窜，辽圣宗命令卫士向老虎射箭，陈昭衮却大呼不要放箭。猛虎狂奔着企图甩掉陈昭衮，但他始终紧紧地贴骑在虎背上，紧攥虎耳，并趁机抽出佩刀，杀死猛虎。辽圣宗对陈昭衮的武艺大为惊叹，专门设宴慰劳他，筵席上的餐具全是金银器皿，宴会结束后全部赏给了他。辽圣宗还提拔陈昭衮为围场都太师，表彰他的忠诚和勇猛。

冬捺钵选在广平淀，即今内蒙古翁牛特旗西拉木伦河和老哈河合流处。这

>>>寻踪觅迹

辽塔 辽代建筑艺术的典范之作。基本上都是密檐式塔，一层塔身特别高，塔内不能登临。塔基座极其复杂，大基座有束腰，还有大型莲瓣。遗留下来的主要是佛塔。东北地区遗留的辽塔较多，有几十座。内蒙古赤峰市境内有辽代佛塔十余座，其中较有代表性的是：巴林左旗辽上京南塔、北塔；宁城县辽中京大塔、小塔、半截塔；巴林右旗辽庆州白塔；敖汉旗辽武安州白塔、辽降圣州白塔；赤峰元宝山区塔子山白塔等。

5. 胡汉分治　一朝两制

1091年，宋朝使者彭汝砺出使辽朝，他看到辽朝官员上朝的情形是：在大殿的左边，站着戴金冠穿紫袍的官员数百人，右边则站着穿青紫官服的官员数十人。他感到奇怪：一个朝廷里的官员怎么官服官帽迥然不同？原来，辽代朝廷实行的是"一朝两制"——南面官制和北面官制。彭汝砺所见的大殿左边即北面，那数百名豪酋便是北面官；大殿右边即南面，那数十人便是南面官。

辽陈国公窦景庸家族墓石刻
位于河北平泉县柳溪乡石虎村。窦景庸父亲是辽中书令，窦景庸汉学功底深厚，被喜好汉学的辽道宗任命为南院枢密副使，掌管燕云十六州等地汉人的租赋军马之政。

"官分南北，以国制治契丹，以汉制待汉人。"这既是辽代的治国策略，也是民族政策。南北面官两个官职系统，因俗而治，各得其宜。北面官治理契丹人，采用契丹固有的制度，官吏一律用契丹族人，掌握契丹的一切军政事务，是辽朝的最高权力机关。契丹有崇拜太阳的习俗，喜欢东向，而且以左为上，契丹首领的大帐和官吏办公的地点，要面向东方，这样北面就是左，所以叫北面官。

和北面官相对应的就是南面官。当时位于今北京、天津和河北、山西北部的燕云十六州居住的主要是汉人，辽朝就仿效唐朝的官制，设立三省六部等一整套治理机构来管理汉人的事务。南面官主要由汉人担任，也有部分契丹人任职，他们被称为汉官，也穿汉服。由于办公的营帐在契丹首领大帐的南面，所以称为南面官。

>>>阅读指南

李锡厚：《中国历史·辽史》。人民出版社，2006年3月。

白玉林、曾志华、张新科：《辽金史解读》。云南教育出版社，2011年12月。

玉组佩

内蒙古奈曼旗辽陈国公主墓出土。题材为汉文化吉祥物，造型却明显异于中原。契丹族本无用玉传统，玉饰是他们接受并认同儒家礼制文化的表现。

辽代的地方官也是两套制度并存，契丹人和其他游牧民族采用部族制，汉人和渤海人则采取唐朝时用的州县制。

辽代不仅官分南北，在汉族地区与契丹族地区实行的法律制度也不同。对汉族和原渤海人施行"汉律"，对契丹族和其他少数民族施行"蕃律"。

辽代实行胡汉分治政策，有利于社会稳定，同时南北面官制并不排斥民族文化交流，也是一种民族文化冲突调适的结果。

辽八角形三彩砚

内蒙古宁城县埋王沟萧氏墓出土。砚面与底座对扣成盒形，这是为防止冬季墨汁冰冻而特制的，底座可置炭火以保持温度。反映了契丹人尊崇并且锐意模仿汉族士人的文化修养。内蒙古博物院藏。

>>>寻踪觅迹

医巫闾山 位于辽宁锦州市，山上名胜古迹众多，从辽、金开始，历代都有营建。主峰上的望海堂传说是辽太祖长子耶律倍的藏书楼和读书处。山下有耶律倍显陵和辽景宗乾陵及其他陪葬陵组成的辽代帝王陵墓群。

6. 契丹"儿皇帝"

公元 936 年，石敬瑭称帝，建立后晋政权。但荒唐的是，称帝的石敬瑭竟认比自己小十多岁的辽太宗耶律德光为父，这究竟是为什么呢？

后唐明宗李嗣源手下有两员猛将，一个是他的养子李从珂，另一个是他的女婿、河东节度使石敬瑭。这两个人都骁勇善战，谁也不服谁。明宗死后，到李从珂继位时，他与石敬瑭的矛盾终于闹到公开破裂的地步。见石敬瑭有谋反之意，李从珂派大军攻打石敬瑭所在的晋阳城（今山西太原），石敬瑭抵挡不住，危在旦夕。这时石敬瑭的一个谋士建议向契丹人求救，石敬瑭觉得有道理，但又担心契丹人不答应，于是就开出了回报的条件：石敬瑭愿意拜耶律德光做父亲，打退后唐军队之后，把位于今北京、天津和山西、河北北部一带的燕云十六州献给契丹人。这一卖

琥珀璎珞项饰

内蒙古科左后旗吐尔基山辽墓出土。契丹人崇尚琥珀，认为琥珀具有定魂魄的功能，同时是奢华生活及显赫地位的象征。有专家认为琥珀的流行与契丹人尚佛相关，因为佛教中琥珀代表佛血。

国行径遭到了一些部将的反对，但石敬瑭一心只想保住自己的利益，哪里听得进劝阻？

这时的契丹族兵强马壮，正雄心勃勃准备向南扩张，石敬瑭提出这样优厚的条件主动邀请契丹大军南下，耶律德光真是喜出望外，求之不得。于是，耶律德光亲率五万精锐骑兵，号称 30 万人，火速去救晋阳。石敬瑭从晋阳城出兵，内外夹击，后唐几乎全军覆没。

石敬瑭亲自出城迎接耶律德光，卑躬屈膝地称比他小十几岁的耶律德光为父亲，耶律德光十分得意，满心欢喜。

>>>阅读指南

管宝超：《儿皇帝石敬瑭》。吉林文史出版社，2011 年 1 月。

张乐朋：《龙争虎斗中国史·辽金夏传奇》。山西教育出版社，2012 年 8 月。

耶律德光感到石敬瑭的确是死心塌地投靠他，就说："我看你的外貌和气度，够得上做中原的主人，我就封你做皇帝吧！"于是耶律德光册封比自己大十几岁的"大干儿子"石敬瑭为大晋皇帝。石敬瑭称帝后，立即兑现承诺，把燕云十六州割让给契丹。

在契丹的支持下，石敬瑭南下攻打洛阳。后唐末帝李从珂连吃败仗，元气大伤，连抵抗的勇气都没有了。石敬瑭的军队刚到洛阳城外，李从珂就燃火烧了皇宫，带着一家老小投火自焚。

石敬瑭攻下洛阳，很快就灭了后唐，正式做了中原的皇帝，建都汴（biàn）梁（今河南开封）。他对耶律德光感恩戴德，每年除固定向契丹进贡帛30万匹外，逢年过节还派使者给耶律德光和契丹太后、贵族大臣送礼。他们中如果谁稍有不满意，就派人责备石敬瑭，石敬瑭从不敢发怒，总是恭恭敬敬赔礼请罪。

富有契丹族特色的辽代穹庐形灰陶骨灰罐
内蒙古博物院藏。

契丹官员傲气十足，对后晋使者说话很不客气，甚至完全是侮辱性的语言。使者回到汴京把这些受气的事传出去后，大小官吏都觉得很丢脸，石敬瑭却毫不在乎。

石敬瑭甘做辽太宗的"儿皇帝"，使契丹军队暂时停止了南下，后晋也统一了南方，人民获得了暂时的安宁，各民族的交流也进一步发展。

石敬瑭死后，他的侄儿石重贵继位为后晋出帝。出帝向辽太宗上奏章时自称孙儿不称臣，耶律德光就认为这是不敬，于是带兵攻打后晋，几年时间后晋就灭亡了。

>>>寻踪觅迹

蔚州古城　古燕云十六州之一，今河北蔚县县城，城内辽、元、明、清建筑各领风骚，被誉为"河北省古建筑博物馆"。有重泰寺、南安寺塔等辽代文物。

后晋显陵　石敬瑭墓，位于河南宜阳县石陵村。

埋没土中的石敬瑭墓神道华表

7. 汉族仆人成为契丹显贵

内蒙古巴林左旗韩匡嗣家族墓出土的石雕契丹侍俑

辽乾亨四年（982），一向羸弱多病的辽景宗耶律贤丢下不满 30 岁的皇后萧绰和 12 岁的太子耶律隆绪撒手西去。耶律隆绪即位，他就是辽圣宗。辽圣宗年龄尚小，由他的母亲萧绰太后摄政。这时，汉族人韩德让成为萧太后的左膀右臂。

耶律阿保机在建国之初，曾经多次侵入中原，掳掠汉地大量人口，韩德让的祖父韩知古就是这个时候被掳去，并被送给阿保机的皇后述律平做奴仆。韩知古自幼好学，聪明而有胆识，在侍候皇后的过程中，他的才华被阿保机发现，被任命为"知汉儿司事"，不但管理有关汉人的事情，还负责制定辽朝的礼仪。韩德让的父亲韩匡嗣在辽太宗时期平步青云，一直与辽世宗次子耶律贤关系密切。耶律贤成为辽景宗后，韩匡嗣受到重用，而且与皇后的家族联姻，不但本人迎娶了皇后家族的女儿，也把自己的两个女儿嫁给皇后的家族。韩德让在辽景宗时也已脱颖而出，被任命为南面官中的枢密使。

尽管韩知古祖孙三代为辽朝做了大量事情，并位居高官，但由于出身卑微，依然受到契丹贵族的歧视。在当时辽朝的法律条文中，汉人及其他民族与契丹

>>>阅读指南

景爱：《历史上的萧太后》。中国社会科学出版社，2010 年 1 月。

袁腾飞：《塞北三朝——辽》。电子工业出版社，2013 年 8 月。

鎏金男银冠

内蒙古奈曼旗辽陈国公主及驸马合葬墓出土。陈国公主是辽景宗的孙女。

族的地位是不平等的。例如，契丹人致汉人死，只要赔偿财物牛马；如果汉人致契丹人死，不但本人要抵命，亲属还要被没为奴婢。这样的不平等使民族间的对立不断加剧，到辽景宗时，辽的民族矛盾到了十分尖锐的地步。

辽景宗突然驾崩，辽的局势变得险恶起来。紧急关头，南院枢密使韩德让挺身而出，辅佐太子耶律隆绪顺利登基，萧皇后成为太后，化险为夷。于是，萧太后命韩德让统掌御府禁卫军，"总宿卫事"。韩德让不仅掌领皇家宿卫大事，还成为萧太后的情人，官职晋升在辽朝也达到前无古人、后无来者的程度，很快被封为楚王，任北面官的宰相，不久又升任大丞相，总管南面官和北面官，成了朝中权势最显赫的大臣。萧太后还不允许其他人损害韩德让一根毫发，否则就可能招致杀身之祸。辽统和六年（988）四月，大将胡里室在马球赛中将韩德让撞下马，在对抗性的体育比赛中磕磕碰碰乃至受伤本来是十分正常的，可是萧太后却将胡里室斩首示众。

辽圣宗还赐韩德让皇族姓氏耶律，赐名隆运，封晋王，隶属季父房，使韩德让成了自己的"亲叔叔"。辽圣宗对韩德让一直执对待父亲的礼节，每天要和各位亲王去向韩德让请安，甚至在离韩府门一段距离时就得下车步行，韩德让生病时还去侍候。

韩德让拥有自己的私人宫帐、属城、万人卫队，就像一个太上皇。由于韩德让无子，于是辽朝规定皇室每一代都把一个亲王作为韩德让的后嗣，这一制度一直实行到辽朝灭亡。萧太后对韩德让这个汉人没有任何猜嫌，韩德让也至死效忠契丹政权。

由于韩德让的支持，萧绰太后对辽朝的制度和契丹族的风俗进行了一系列大刀阔斧的改革，包括奖励农耕、倡导廉洁、治理冤狱、解放部分奴隶、重组部族等，还修改了法律，规定契丹族和汉族一律平等对待，在法律上负相同的责任，改进了契丹族与汉族的关系，促进了民族的融合。

>>>寻踪觅迹

韩匡嗣家族墓地 位于内蒙古巴林左旗白音罕山上，由两道山谷、三个山洼、两个祭祀址和一处大型居民聚落遗址组成，是辽中晚期墓葬形制大全，也是中原汉文化堪舆（风水）学与契丹文化相融合的典范。

8. 头下军州制

后晋开运三年（946），耶律德光率领军队攻入汴梁（今河南开封），后晋灭亡。耶律德光自称大辽皇帝，将契丹国号改为辽，后人称他为辽太宗。汴梁百姓得知契丹军队进城，纷纷逃难。耶律德光登上城楼，向汴梁百姓许诺："大家别怕，我一定会让你们过上好日子。"但耶律德光说的和做的却是两码事，他纵容辽兵以牧马为名，到处抢劫财物，叫作"打草谷"，闹得汴梁、洛阳附近几百里都成了没有人烟的"白地"。

契丹贵族率军打仗不仅抢劫财物，还大肆掳掠人口，押回去充当奴隶，这是他们的传统。辽朝建立前，在频繁的对外战争中，契丹贵族俘掠了大量汉人、渤海人等其他民族的人口，把他们安置在后方自己占领或封赐的土地上，建立起自己的私城。后来，经朝廷准许，有些规模较大的私城建州、设军、置官，成为头下军州。

头下军州是一种军事与行政结合的地方组织，它是辽朝贵族的领地，同时又隶属于朝廷。辽朝的亲王、国舅、公主等皇亲国戚的头下军州可以建筑城郭，其余的头下军州只是一些寨堡或农庄、牧场。最大的头下军州约有一万户人家，一般的头下军州只有一两千户至两三千户，韩匡嗣和韩德让父子等被契丹皇帝器重的个别汉族大臣也拥有头下军州。有的大头下军州领主拥有自己的武装，但必须服

人首鱼龙形白瓷水注

内蒙古巴林左旗出土。整体造型融合人、鱼、龙、鸟、螭等动物于一体，构思巧妙，是辽瓷中的精品。陶瓷业是辽代最为发达的手工业之一，其制造技术直接继承了唐宋北方陶瓷传统，并结合契丹族的特点创造出独有的风格。内蒙古博物院藏。

从朝廷的统一调度。

头下军州的官吏除节度使由朝廷任命外，其余的官员都由契丹贵族委派自己的属户担任。头下军州的属户（头下户）多数是被迫依附于契丹族领主的农民和牧民，少数是奴隶，他们要向领主和朝廷缴纳双重租赋。由于头下户的汉人不能脱离农耕区域，而契丹领主们也不能远离草原，辽朝的头下军州基本上是沿着草原的边缘地带，即农耕和游牧的结合部建立的。

头下军州实行严格的世袭制度，只有在两种情况下才会被朝廷没收，一是叛乱，二是断子

摩羯形三彩釉陶壶
辽三彩是仿照唐三彩在辽境内烧制的，但它不同于唐三彩。唐三彩是白泥胎或红泥胎，辽三彩为黄沙胎，釉中含钴较多，釉色发暗，尤其是绿色釉中微闪蓝色。辽三彩别具一格，在中国陶瓷史上占有重要地位。

绝孙。

头下军州也是契丹贵族统治其他民族的一种制度，契丹贵族大肆掳掠的野蛮行径遭到了各民族的强烈抵抗。随着战争减少，没了俘虏来源，头下军州也逐渐衰弱，辽的民族矛盾才趋于缓和。

酱釉猴纽盖鸡冠壶
鸡冠壶是辽瓷的代表器型。北京顺义区辽墓出土，首都博物馆藏。

>>>阅读指南
［日］岛田正郎著，何天明译：《大契丹国——辽代社会史研究》。内蒙古人民出版社，2007年1月。
李清泉：《宣化辽墓——墓葬艺术与辽代社会》。文物出版社，2008年3月。

>>>寻踪觅迹
辽宁阜新市　在宋、辽对峙时期一直属于辽辖境，头下军州众多，著名的有徽州、成州、懿州、欢州、壕州、渭州、顺州等，至今遗址尚存。

9. 神秘的契丹文

契丹文七言绝句铜镜
韩国国立中央博物馆藏。

契丹小字铜镜
内蒙古喀喇沁旗出土。镜纽四周有四个阳文契丹小字，上下左右可译为"寿长福德"。内蒙古博物院藏。

1922年，一位比利时传教士在内蒙古一座被盗掘一空的契丹人墓葬中，发现了一块刻满奇怪符号的石碑，当时谁也不认识这些犹如天书的符号，一时间众说纷纭，莫衷一是。经过考古学家和古文字学家的考证，这种"天书"就是早在七百多年前就已失传的契丹文字。

契丹原来没有文字，主要靠刻木记事。神册五年（920），辽太祖耶律阿保机下令创制契丹文字。辽文臣耶律突吕不和耶律鲁不古受命后，模仿汉字的偏旁，简化或增添笔画，制成三千余字，称为契丹大字，阿保机立刻发布命令颁行全国。后来，阿保机的弟弟耶律迭剌参照回鹘文，又创制了契丹小字，与契丹大字、汉字同时使用。

契丹大字是一种表意方块字，书写方式与汉字类似，每个字代表一个音节，一些大字借用汉字，如一、二、三、五、十、百、皇帝等。契丹小字有较多的表音成分，有三百多个原字，一个音节用一个或两个原字表示，然后缀合拼写成词，每个词由一个至七个原字组成。词按照从上至下、从右至左的顺序书写，词内部的原字则按从左至右、从上至下的顺序书写。原字分正楷、行草、篆书等字体，篆体字的拼写方式异于正楷和行草，采取鱼贯式而不是层叠式。行文的款式自上而下竖写，自右而左换行，敬辞抬头或空格。契丹小字和契丹大字没有明显的联系。

内蒙古赤峰出土的契丹大字铜印

由于契丹文难写难学，契丹上层统治者又大多通晓汉文，并以汉文为尊，所以契丹文只通行于契丹族中，使用范围有限。加上辽代书禁很严，以及战乱等原因，契丹的文字书籍没有流传下来，长期不为人们了解。

契丹文对西夏文、女真文、蒙古文和满文的产生都有着直接和间接的影响。金灭辽后，契丹文字继续使用。金明昌二年（1191），金章宗诏令废止契丹文字，从此契丹文渐绝于世，到了元朝就几乎没有人认识了。

契丹文墓志碑刻（哀册）

现存的契丹文字资料多数是石刻，除了少量有关官职、年号、干支等词汇外，大部分还没有被释读，契丹文的破译成了中国文字史上著名的难题。

>>>阅读指南

裴元博、陈传江：《契丹文珍稀符牌考释图说》。安徽美术出版社，2011年7月。

裴元博、陈传江：《契丹文珍稀钱币考释图说》。安徽美术出版社，2011年5月。

>>>寻踪觅迹

辽上京博物馆、辽宁省博物馆 收藏有契丹文墓志石刻等相关文物。

10. 契丹人改汉姓

射骑图
辽朝李赞华作。台北"故宫"藏。

辽代有一个著名的画家叫李赞华，他的画风格细腻、典雅，特别擅长画马。但李赞华这个使用汉式姓名的画家却不是汉族人，他是辽太祖耶律阿保机的长子耶律倍。

阿保机死后，按照长子继位制，本应由太子耶律倍继位，但母亲述律平却偏爱耶律倍的弟弟耶律德光。述律平让耶律倍和耶律德光骑马立于帐前，然后对大臣们说："我的两个儿子都很优秀，都适合做皇帝，我不知该让谁继承皇位。现在我把权力交给你们，你们拥护谁，就给他牵马执辔（pèi）。"文武百官知道述律皇后的意图，就争着执耶律德光的

鞍辔。当时耶律德光位居大元帅，手握重兵，已先后镇压了一些反对他继位的贵族。耶律倍明白母亲的心意，自知无力抗争，只好说："大元帅众望所归，应该继位。"这样，耶律德光即位成了辽太宗。

耶律德光当了皇帝，仍然对哥哥耶律倍疑心重重，想方设法对耶律倍进行严密监视。母亲和弟弟的做法令耶律倍愤懑难忍。就在万般无奈之际，后唐明宗李嗣源知道了耶律倍的处境，秘密派人来请他去后唐。耶律倍虽知这是后唐分裂契丹之计，

鎏金人物故事纹提梁银壶
内蒙古科左后旗吐尔基山辽墓出土。造型为契丹风格，人物却是汉族服装，说明契丹人的汉化。内蒙古博物院藏。

但是别无选择。公元931年，耶律倍避过监视者，乘船离开故国，逃到后唐都城洛阳。临行前，他以吴太伯自诩，做歪诗一首，不料却成为传世佳作。诗曰："小山压大山，大山全无力。羞见故乡人，从此投外国。""山"是契丹小字，意为"可汗"，与汉字之"山"形同意异。"小山压大山"表达了对母亲立弟弟为帝、自己虽是太子却被摒弃的悲愤心情。

后唐明宗以很高的礼节接待了耶律倍，并赐姓东丹，名慕华，封怀化节度使等官职。后又赐皇姓李，名赞华。

后唐皇帝给契丹族皇室耶律倍赐汉族姓名，并被他欣然接受，表明契丹族对汉族、汉文化的仰慕和心理上的认同。

契丹族本无姓氏，而是以居住地命名。耶律阿保机建国后，契丹皇族、皇后族均以耶律、萧为姓，据说这是因为契丹贵族崇拜汉高祖刘邦和贤相萧何，"耶律"就是"刘"的意思。随着时间的推移，辽朝平民百姓也使用耶律和萧作为姓氏。

辽被金灭亡后，契丹成为被统治民族。金朝统治者为了报复过去辽对金人的欺压，把"耶律"改成"移剌"，把"萧"改为"石抹"。移剌是牵马的马卒，石抹是奴婢的意思。为了拉拢和安抚契

辽代银菩提树
辽宁朝阳市北塔天宫出土。信仰佛教对契丹族汉化起了重要作用。辽宁省博物馆藏。

丹上层贵族，金朝统治者也曾把国姓"完颜"和女真姓"蒲察"赐予他们，但有的契丹人把金朝赐姓看成是一种侮辱，仍坚持以耶律和萧为姓。

后来，蒙古人为了统一中国，号召契丹人参加灭亡金和南宋的战争。契丹人骁勇善战，屡建战功。许多契丹人上奏元朝廷，要求复归本姓，所以元代契丹人耶律与萧、移剌与石抹四姓并存。这一时期，契丹人还有改为黄、王、郑等汉姓的。随蒙古大军征战到今云南施甸等县的15万契丹后裔，先由"阿"姓演变成"阿莽蒋"、"阿莽杨"、"阿莽李"，后改成汉姓蒋、杨、李、赵。

元代之后，契丹这个极具传奇色彩的北方民族从历史上销声匿迹了。

>>>阅读指南

漆侠：《辽宋西夏金代通史·政治军事卷》。人民出版社，2010年12月。

张久和：《辽夏金元史微·辽朝卷》。内蒙古大学出版社，2007年9月。

>>>寻踪觅迹

云南施甸县 有古代蒙古军队南征云南时留下的契丹官兵的后裔约四万人，有阿苏鲁墓、长官司、木瓜榔村蒋氏武略祠、由旺土主庙等相关人文景物。

11. 赵匡胤黄袍加身建宋朝

雪夜访普图（局部）

明朝刘俊作。描绘宋太祖赵匡胤雪夜访问赵普家，二人边饮酒边商定统一天下大计的情景。故宫博物院藏。

后周显德六年（959），周世宗柴荣去世，继位的周恭帝年仅7岁，殿前都点检（禁军统领）、宋州（今河南商丘市）归德军节度使赵匡胤与他的结义兄弟、

>>>阅读指南

齐崇文：《赵匡胤传》。中国社会出版社，2011年8月。

聂兆华、钟立恒：《宋太宗赵光义传》。吉林人民出版社，2010年4月。

禁军高级将领石守信等人掌握了军权。

显德七年正月初一，忽然传来辽朝军队南下入侵的消息。摄政的后周符太后和宰相范质、王溥等执政大臣不辨真假，慌忙派遣赵匡胤统率军队北上御敌，并赐他金带、银器、鞍马、铠甲、器仗等装备。正月初三，赵匡胤率领大军出了东京城（今河南开封），傍晚抵达陈桥驿（今河南封丘县陈桥镇）驻扎。赵匡胤的部将赵普等人密谋，策划发动兵变，在夜里赵匡胤酣睡之时，将象征皇权的黄袍披在他身上，高呼"万岁"，拥立赵匡胤为天子。史称"陈桥兵变"、"黄袍加身"。

第二天，赵匡胤率军回师开封，京城守将石守信等人开城门迎接，周恭帝被迫禅位，后周灭亡。赵匡胤兵不血刃就当上了皇帝，定国号为宋，仍定都开封，史称北宋或赵宋。

宋朝建立后，为了避免重蹈晚唐和

宋太祖蹴鞠图
元朝钱选作。描绘宋太祖赵匡胤与宋太宗赵光义及赵普等开国元勋蹴鞠（古代足球）的情景。上海博物馆藏。

五代藩镇割据导致亡国的覆辙，赵匡胤听从赵普的建议，自导自演了一出"杯酒释兵权"的著名历史剧。北宋建隆二年（961）七月的一个晚上，赵匡胤宴请手握重兵的武将石守信、王审琦、高怀德、张令铎、赵彦徽、罗彦瑰等人。大家酒兴正浓之际，赵匡胤说："要不是靠众将拥立，我不会有今日。但是，当了天子，才知道难受，还不如当节度使逍遥自在。如今我几乎没有一夜睡得安稳。"

石守信等问道："陛下如今贵为天子，还有什么忧虑？"赵匡胤回答："我这个位置，谁不想坐啊！"

石守信等听出话中有话，连忙表白："如今天命已定，谁还敢有异心？"赵匡胤苦笑着说："你们虽然不会有异心，但是，假如有朝一日部下将黄袍披到你们身上，你们即使不想做皇帝，恐怕也不行吧！"

石守信等一听，大惊失色，慌忙下跪叩拜，流着泪说："我们实在愚蠢，没有想到这一点，请陛下为我们指出一条生路。"

赵匡胤说道："一个人的寿命，像白驹过隙那样短促。人生在世，不过是为了荣华富贵、享受安乐罢了。我为你们打算，不如交出兵权，去地方上做官，购置些良田美宅，为子孙后代留下一份产业，自己也可以天天饮酒作乐，快活一辈子。我再与你们联姻，这样，在君臣之间就没有了猜疑，上下相安，岂不是很好吗？"

第二天，石守信等武将就称病请求辞职，赵匡胤欣然同意。

这样，宋朝的中央集权统治得到了巩固与加强。

政权稳固后，赵匡胤制定了先南后北的战略，着手扫除五代残余势力，一统天下，即先夺取经济富庶的南方六国以巩固国力，再掉头北伐附庸辽朝的北汉。公元963年至975年，南平、后蜀、南汉、南唐等割据政权先后被消灭，赵匡胤开始移师北伐，不料中途突然去世，统一大业暂告停止，但宋辽战争已为期不远。

>>>寻踪觅迹

宋陵 北宋帝陵，位于河南巩义市。北宋九个皇帝有七个葬于此，此外还有赵匡胤父亲及皇后、大臣等陵墓三百余座。陵区上千件精美石刻堪称露天艺术博物馆，是研究宋代典章制度和石刻艺术的珍贵实物资料。

12. 宋辽战争　两败俱伤

公元 976 年，赵匡胤在北伐途中去世，其弟赵光义继位，他就是宋太宗。宋太宗继续统一事业，消灭了吴越政权，然后挥师北上，灭亡北汉，结束了五代十国分裂的局面。

和宋太祖赵匡胤一样，宋太宗也一心希望恢复唐朝时的北方领土。被石敬瑭出卖给辽朝的燕云十六州一直是中原各朝统治者的一块心病，赵匡胤曾设立封桩库储蓄钱财布匹，试图能从契丹人手中赎回燕云十六州，但这是不可能的事。宋太宗在消灭北汉时击退了辽朝援兵，信心大增，于是乘胜发动了对辽朝的战争，雄心勃勃要以武力收复燕云十六州，从此，宋辽开始了长达二十多年的拉锯战。

北宋太平兴国四年（979）六月，刚刚攻克北汉的宋军主力未及休整，就在宋太宗的亲自率领下，从北汉都城晋阳

鎏金面具
北京房山区周口店龙口村出土。契丹人相信金属面具可以存亡者之魂并保护尸体不朽，使用金银面具是契丹贵族厚葬风尚的反映。

（今山西太原）出发东进，翻越太行山，矛头直指幽州（今北京）。

宋军一路势如破竹，连克数郡，导致宋太宗错误估计辽军实力。当宋军兵临幽州城下时，已是疲惫不堪，人困马乏，致使幽州久攻不克。当宋军战斗力渐弱时，辽军却以逸待劳，在援军到达后，发动了反攻。七月，两军在高梁河（今北京西直门外）一带激战。辽大将耶律休哥和宋太宗都身先士卒，亲自上阵，并且都受了伤。宋军三面受敌，全线溃败，宋太宗弃马乘驴车，在几个贴身警卫的护卫下南逃，耶律休哥带伤追击了几十千米才停止，缴获宋军兵器、粮秣不计其数。

宋太宗第一次征辽就落了个惨败的结局，还险些丧命，非常郁闷，返回都城后，平北汉的封赏也不提了。不少将士有不满情绪，就唆使宋太祖的儿子武

契丹男女陶俑
北京市昌平区出土，首都博物馆藏。

功郡王赵德昭去向宋太宗讨封赏。在高梁河之战中，宋军四散奔逃，慌乱之中找不着已南逃的宋太宗，一些军将曾想立赵德昭为皇帝。宋太宗知道这件事后本来就已经很不高兴，这时见赵德昭来进谏，心里更加恼怒，就说："等你自己做了皇帝，再行封赏也不迟！"听到皇叔这样的话，赵德昭惶恐至极，回到家中就自刎而死了。

正当宋太宗情绪低落的时候，辽朝却得势不饶人，头脑发热，以为宋军也不堪一击，正是南下扩张的好机会，同年十月就派南京留守韩匡嗣等率大军分两路南下，双方战于满城（今河北满城县北）。宋朝诸将认真研究战术，根据辽军骑兵的特点，决定集中兵力，合力迎敌。布置完毕，宋军又派人向辽军先施诈降之计，辽军以为宋军真的投降，放

松了戒备，忙于布置受降仪式。这时，宋军突然发起攻击，辽军仓促应战，指挥失措，阵营大乱，被杀得人仰马翻，大溃而逃，宋军斩杀辽兵万余，获马千匹，生擒辽军大将三人。

大败的辽军很不服气，太平兴国五年（980）三月，辽10万军队进攻雁门（今山西代县），被宋将杨业等击败。当年冬，辽景宗耶律贤亲率大军进攻瓦桥关（今河北雄县），又把宋军打败。宋太宗恼羞成怒，决心再攻幽州，被大臣们劝止。不久，辽景宗病死，继位的辽圣宗年幼，辽朝无暇南顾，宋朝也致力于休士养马，广积军储。宋辽边境暂时平静下来。

到了北宋雍熙三年（986），宋太宗认为契丹（辽于983年至1066年重称契丹）皇帝幼弱，萧太后摄政，内部不稳，正是消灭契丹、解除北方忧患的好机会，在粮草、军械等准备不足的情况下，就兵分三路，大举北伐，企图合围幽州，聚歼辽军主力。实际上这时辽朝君臣和谐，政治贤明，并不存在可乘之机。

针对宋军的分进合击之势，契丹萧

>>>阅读指南

朱增泉：《战争史笔记·五代——宋辽金夏》。人民文学出版社，2011年1月。

王晓波：《宋辽战争论考》。四川大学出版社，2011年4月。

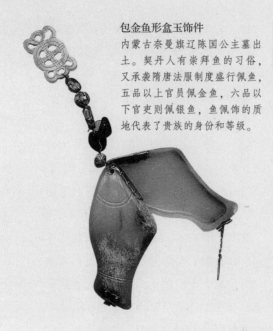

包金鱼形盒玉饰件

内蒙古奈曼旗辽陈国公主墓出土。契丹人有崇拜鱼的习俗，又承袭隋唐法服制度盛行佩鱼，五品以上官员佩金鱼，六品以下官吏则佩银鱼，鱼佩饰的质地代表了贵族的身份和等级。

太后作出决策，先集中兵力对付威胁最大的宋东路军，寻机将其歼灭后，再转移兵力对付力量较弱的中西两路宋军。

宋军起初进展颇为顺利，东路军很快就进入了涿州（今北京西南）。这时，辽援军未到，辽军兵力不足，并不与宋军正面接触，只是想方设法迟滞宋军的行动，昼出精锐虚张声势，夜遣轻骑袭扰，同时派部分兵力设伏宋军侧后，断其粮道。这一招果然奏效，宋十万大军占据涿州不过十余天，就因粮食不足而退返雄州，涿州重新被辽军夺回。如此一来，为辽军主力赶到后聚歼宋军赢得了时间。

当宋东路军携带仅剩五天的粮食再次北上时，正值酷暑，行军艰难，途中又不断遭到辽军的袭扰，且战且行中到了涿州时已人困马乏，队伍散乱。这时契丹萧太后和辽圣宗耶律隆绪亲自率领大军增援幽州前线，宋军见形势不妙，决定立即撤退。辽军乘机追击，在岐沟关（今河北涿州西南）大败宋东路军。

接着，辽军移师西线，对中、西路宋军发起反击，宋军占领的州县被全部夺回，宋太宗第二次北伐以惨败告终，丧师数万，国力穷沮，被迫在战略上采取守势。

此后，辽军利用骑兵优势，不断深入宋境袭扰，但在宋朝军民的抵抗下，双方互有胜负，两败俱伤。双方从上到下都对战争感到厌倦，渴望和平相处。

>>>寻踪觅迹

山西代县鹿蹄涧村 村中上千人口，十之七八都是北宋抗辽名将杨业的后裔，从杨业开始，至今已繁衍51代。村民至今仍保持武术传统，喜练武艺。每年农历三月初九都要举行村祭，并且必唱杨家将戏，以缅怀先祖精忠报国的英雄业绩。村中杨家祠堂是元代时为纪念杨业父子奉旨而建，众多历代碑刻有很高的史料价值。

河北永清县宋辽边关古战道遗址 永清县在宋代处于宋辽交战的前沿，当地建于宋代的55个村庄中，村名与宋辽战事有关的就达36个，一些以"营"命名的村子相传与宋军72座连营有关。在永清及附近五个县市境内东西延伸约65千米、南北宽10千米至20千米的地下，北宋修筑了一个庞大的古战道网，被专家称为"地下长城"，现辟有宋辽古战场旅游区。

13. 澶渊之盟化干戈为玉帛

河南巩义宋真宗永定陵石刻

收复失地为名派大军大举南侵。辽军避实就虚，绕过宋军坚守的许多州县，直趋黄河边的澶州（今河南濮阳市），直逼北宋都城汴京（今河南开封），宋廷震恐。朝臣们惊慌失措，有的竟建议宋真宗赵恒放弃汴京，迁都南方。这时，大臣寇准站了出来，狠批南逃建议，主张坚决抵抗，并力促宋真宗御驾亲征。在劲敌威逼和广大军民坚决要求抗辽的强大压力下，宋真宗勉强渡过黄河，来到澶州。尽管宋真宗对抗辽毫无信心和决心，但他亲临前线，还是使澶州军民大受鼓舞。

宋辽相争，两败俱伤。在长达二十多年的时间里，双方为了争夺燕云十六州，都大伤元气。宋对辽的战争多次遭到严重失败，只好放弃进攻改为防守，而辽也没有取得明显优势，死伤人数也很多。双方早就多次互派使者企图停战议和，只不过积怨太深，谁也不先开口。

北宋景德元年（1004）八月，辽以

辽军从三面围攻澶州北城，原本十分怕死的宋真宗不得不战战兢兢随新任宰相寇准来到前线督战。当宋真宗的黄龙旗出现在澶州北城门楼时，宋军士气

北宋花押印

花押印主要流行于宋、金、元时期。这件花押印玉质、夔龙纠纽，应为北宋某位皇帝所有。上海博物馆藏。

大振。这时辽军先锋大将萧闼览在视察地形时被宋军强弩射死，未开战先折大将，辽军士气一落千丈。辽朝萧太后和辽圣宗听到消息悲痛不已，萧太后还亲临萧闼览灵车前恸哭致哀，停止上朝五天。萧闼览之死使萧太后意识到辽军很难在与宋军的战争中占到便宜，于是便决定挟大军南下的余威，从谈判桌上获取战场上没有得到的利益。宋真宗本来就害怕与辽作战，见议和有望，就不顾寇准等主战派的反对，立即同意与辽谈判媾（gòu）和。

经过双方使者多次往返、讨价还价，终于达成一致。当年十二月间，宋真宗与辽圣宗在澶州签订协议，约定：辽宋结为兄弟之国，宋真宗尊称萧太后为叔母，辽圣宗称宋真宗为兄，今后双方的晚辈都按照辈分和年龄决定称呼；宋辽以白沟河（今河北雄县境内）为界，双方撤兵，互不侵犯，互不收留对方的逃亡人员，并不再构筑针对对方的军事设施；辽将侵占的遂城及瀛（yíng）、莫二州归还宋朝，宋朝每年助辽"军旅之费"银 10 万两、绢 20 万匹；在边境开辟互市。史称这个协议为"澶渊之盟"。

据说宋朝使者曹利用最后一次回朝向宋真宗报告谈好的条件时，宋真宗正在吃饭，他让宦官先去问曹利用一年要给辽朝多少钱。曹利用不敢直说，伸出三个手指做了暗示。宋真宗以为是 300 万两银子，情不自禁地说"太多了"，但转而又说："如果辽军真的能够撤退，也可以接受。"当宋真宗召见曹利用，得知是每年 10 万两银、20 万匹绢时，大喜过望，马上批准了协议，并重赏了曹

>>>阅读指南

顾宏义：《天衡——十世纪后期宋辽和战实录》。上海书店出版社，2012 年 3 月。

赵冬梅：《千秋是非话寇准》。电子工业出版社，2012 年 2 月。

利用。

宋朝在打了胜仗的情况下，与辽朝订立如此屈辱的盟约，宋真宗还是兴奋异常，诗兴大发，在班师回京之前，作诗一首，并在澶州城内立回銮碑（契丹出境碑）记录这次订盟。诗曰：

我为忧民切，戎车暂省方。

征旗明夏日，利器莹秋霜。

锐旅怀忠节，群胡窜北荒。

坚冰消巨浪，轻吹集嘉祥。

继好安边境，和同乐小康。

上天垂助顺，回旆（pèi）跃龙骧。

澶渊之盟结束了宋辽之间连续数十年的战争，辽朝每年可以从宋朝得到一大笔钱财，心满意足。盟约签订后，宋朝使者首次入辽时，受到了热烈欢迎，

辽朝专门设置接伴使等官员负责宋使的后勤供给和安全，宋使所经州县长官都捧着美酒迎接到马前，民众则在家门口摆上茶水，焚香迎引。此后，每当宋使入辽，辽朝大臣都会争相前往问寒问暖，让宋朝使者十分感动，回宋后纷纷上言建议也应照例热情对待辽使，双方友好关系进一步密切。

澶渊之盟签订五年后，萧太后安然离世。辽圣宗也坚守信约，真心把宋真宗当作长兄对待，因为这个"大哥"每年都如约分文不少地给他一大笔钱物。1022年，宋真宗去世，辽圣宗还因此大病一场。1031年，辽圣宗在病死前交代"不得失宋朝之信誓"。

此后，辽宋双方维持了长达百年之久的和平友好局面，边境互市频繁，促进了民族间的交流和融合。

北宋风字砚

>>>寻踪觅迹

河南濮阳市　澶渊之盟发生地。市区御井街上的回銮碑是宋辽订立澶渊之盟的见证物。碑南的"御井甘泉"古井相传为宋真宗赴澶州抗辽驻跸时所凿。

寇准遗迹　湖北巴东县信陵镇秋风亭，又名寇公亭，为北宋名相寇准任巴东知县时所建；寇准墓，位于陕西渭南市临渭区官底镇左家村；寇公祠，位于广东雷州市雷城镇，寇准在雷州度过了人生的最后18个月，雷州人在他的寓所"西馆"立祠奉祀。

14. 在宋辽夹缝中壮大的党项族

党项族是古羌人（也有说是拓跋鲜卑）的一支，最初活动在今青海东南部黄河河曲一带，以游牧为业，织牛羊毛毡为屋，穿动物皮毛做成的裘服和披毡，崇尚武力，没有文字，根据草木枯荣记岁时。唐朝时受到吐蕃的逼迫，向唐朝请求向内地迁徙，陆续移居今甘肃东部、宁夏和陕西北部一带。唐中和年间（881~885），党项族平夏部首领拓跋思恭协助唐平定黄巢起义有功，被授以夏州节度使，赐姓李，封夏国公，统辖夏（今陕西横山）、银（今陕西米脂）、绥（今陕西绥德）、宥（yòu，今陕西靖边）四个州，党项与汉族的关系进一步密切。

北宋建立时，夏州党项李氏藩镇势力日益强大，为了避免宋朝的威胁，极力与宋修好。党项首领李彝殷不仅派使者祝贺宋太祖赵匡胤即帝位，由于自己的名字中有一个字与赵匡胤的父亲赵弘殷相同，还主动避讳改名为李彝兴，后来又出兵协助北宋讨伐北汉，俨然北宋的同盟。北宋鉴于政权初建，北方的北汉和南方的吴越等国未平，对夏州党项族也实行优抚政策，给李彝兴加官晋爵，发展友好关系。

北宋太平兴国七年（982），夏州党项贵族内部因承袭问题发生内讧，李继捧向宋朝献出了李氏经营了300年的夏、银、绥、宥、静（今宁夏灵武市东）五州，率族人迁居北宋京师，这样党项李氏世代承袭的领土成了北宋的州县。宋太宗赵光

甘肃武威市出土的木板画上的西夏女人和男人形象

西夏双头佛像

1909年俄国人科兹洛夫从黑水城遗址带走，俄罗斯埃尔米塔什博物馆藏。

宁夏海原县临羌寨西夏古城遗址出土的陶俑

义赐李继捧姓名为赵保忠。李继捧族弟李继迁留居银州不愿归附宋朝，号召部众并联络党项各部抗宋自立，多次发动对宋的进攻。由于宋军的强大以及部分党项酋长的倒戈，李继迁的兵力被歼灭殆尽，这使他认识到独自抗宋是困难的，必须寻找依附势力。

李继迁首先想到了北方的另一个强邻——辽，并马上确定了结辽抗宋的策略。北宋雍熙三年（986），李继迁附辽，辽圣宗耶律隆绪授他为定难军节度使和银、夏、绥、宥诸州观察使等职，统管夏州军务，还把宗室女义成公主嫁给他。

辽圣宗统和七年（989）三月，契丹义成公主一行驾着上百辆马车，赶着3000匹彪悍的马匹，在数百人的卫队护送下，浩浩荡荡地从辽朝都城出发，长途奔波前往党项族夏国的中心——河套草原。这是契丹人与党项人第一次和亲的宏大场面。这次和亲是源于李继迁的请求，辽圣宗把王子帐节度使耶律襄之女封为义成公主，下嫁给他，并赐予丰厚的陪嫁。这时李继迁还没有统一党项族，在党项各部中威望也不高，与辽朝

瓷蒺藜 (jí·lí)
早期用途是铺撒在道路上，阻止敌军兵马通过，后来在蒺藜中间的圆洞中装上火药和导火索，点燃后投向敌人，功能类似现在的手雷。

和亲是他势力发展的一个转折点和里程碑。当辽公主来嫁的消息在河套草原、沙漠间传开，李继迁头上立刻罩上了大国庇佑的灵光，党项各部纷纷臣服，还向他进贡牲畜，他的威望、号召力和经济实力都大大提高。

1030年十二月，契丹兴平公主嫁给李继迁的孙子李元昊，辽夏第二次和亲。七十多年后，西夏国王乾顺多次派遣使节到辽请婚，1105年，辽封宗室女南仙为成安公主，嫁给乾顺，使中断了数十年的辽夏和亲关系得以继续。

北宋淳化元年（990），辽又封李继迁为夏国王。这样，辽通过结盟、通婚、封王，利用李继迁牵制北宋，也密切了党项族与契丹族的关系。而李继迁在依附辽的同时，也没有彻底断绝与北宋的交往，所以辽夏间也不时发生战争。

党项族左右手分别搭上宋和辽，在宋辽之间左右逢源，势力不断壮大。同时，党项族统治者还与蒙古族、吐蕃和亲，虽然具有很强的政治目的，但客观上对于促进党项族与其他民族的融合有积极的意义。

>>>阅读指南
周伟洲：《早期党项史研究》。中国社会科学出版社，2004年1月。
周伟洲：《唐代党项》。广西师范大学出版社，2006年1月。

>>>寻踪觅迹
黑城（黑水城）遗址　位于内蒙古额济纳旗达来呼布镇东南，是西夏西部的农牧业基地和边防要塞，也是丝绸之路上一座经济、文化发达的城市。元朝继续使用并扩建，直到明代才废弃。

15. 党项族建立西夏

北宋太平兴国七年（982）六月的一个晚上，夏州城一片漆黑，突然，城门轰然打开，一队人马疾驰而出，直奔夏州东北三百余里的地斤泽，领头的人是李继迁。

李继迁幼年时就以擅长骑马射箭、勇敢果断、足智多谋出名。982年，当他得知族兄李继捧把党项李氏世居的夏、绥、银、宥、静五州献给北宋后，便和弟弟李继冲、亲信张浦等商议："虎不可离山，鱼不可脱渊，我们千万不能够离开故土。干脆杀掉宋朝派来的使节，占据绥、银二州，公开和宋朝军队干！"张浦分析了当时的不利形势，认为仓促起

事难成功，主张暂时避走漠北，建立根据地，然后联络党项各部酋长，再卷土重来。李继迁采纳了张浦的建议，假称乳母死了，要出城安葬，偷偷把兵器装入丧车，骗开夏州城门，率队出逃。地斤泽是党项族聚居的地方，李氏家族在那里很有影响。在那里，李继迁慷慨激昂地鼓动说："我们党项李氏世代占有此地，如今已全部被宋朝夺去。你们既然不忘祖先的恩泽，现在愿意跟随我复兴祖先的业绩吗？"党项族的酋长们当即洒泪宣誓紧随李继迁。

要与北宋抗衡并不是一件容易的事。凭借强大的军事实力，北宋对李继迁的

甘肃榆林石窟壁画中的西夏贵族女供养人像

壁画中的西夏供养人像

西夏代表性瓷器——黑釉剔刻花瓷瓶

木缘塔

西夏葬具，甘肃武威市出土。塔身表面涂蓝色，用黄色书写梵文咒语，是西夏推崇佛教的历史见证。西夏人实行火葬，但又建有坟墓。

武装力量进行围剿，仅雍熙元年（984）对地斤泽的一次夜袭，就焚烧帐篷400多顶，斩首500级，还俘获了李继迁的母亲和妻子。但是，党项人拥护李继迁，他的队伍因此发展很快，声势日益壮大。雍熙二年，李继迁用诈降计杀死北宋将领，攻占银州，党项部众纷纷归附，李继迁兵势大振。

李继迁深谋远虑，没有采纳众人劝他立即称王的意见，而是先设官授职，确定尊卑等级，并预先将一些被北宋占领的州郡官职分封给各部酋长，使他们各自为战。这样，不仅使北宋在各地疲于防御，而且党项各部酋长有了官职，也愿意听从李继迁的号令，李继迁在政治、军事上的领袖地位得以确立。

986年，李继迁公开向辽称臣，借辽抗宋，壮大自己的力量。在辽的支持下，李继迁不断袭击夏、麟（今陕西神木县）一带，给北宋西北边境造成很大的不安。998年，宋真宗登基，李继迁遣使求和。已被骚扰得疲惫不堪的北宋便任命李继迁为定难军节度使，使归属北宋15年之久的夏、银、绥、宥等州重

>>>阅读指南

张义喜：《李元昊演义》。中国文化出版社，2011年4月。

唐荣尧：《西夏史》。宁夏人民出版社，2011年11月。

内蒙古额济纳旗黑水城遗址出土的西夏武士像

新落到了夏州李氏手里。

李继迁已经不肯满足于仅仅恢复故土，于是进一步扩张势力，进攻并占领河西走廊上水草肥美的重镇灵州（今宁夏灵武市），然后继续西进，攻占了吐蕃控制的西凉府（今甘肃武威市）。吐蕃随即进行反击，李继迁大败，死于灵州，其子李德明继位。

这时，宋、辽签订了澶渊之盟，党项人怕北宋没有了北顾之忧会尽全力西攻，急忙遣使向北宋求和，请求附宋，北宋也想与党项缓和矛盾，双方于宋真宗景德三年（1006）签订"景德和约"。北宋封李德明为定难军节度使、夏州刺史、西平王，享受朝廷俸禄，赐给大量财物，并开放榷场。此后，李德明全力向西发展，攻打吐蕃和回鹘，控制了河西走廊，同时大力发展经济，实力得到极大提高。在此基础上，李德明开始做称帝的准备，选择黄河西岸的怀远镇（今宁夏银川）建宫阙，修城池，筑宗庙官署，并改地名为兴州。从此，党项族的政治、文化中心由黄河以东的灵州转到了黄河以西。

1031年，李德明的儿子李元昊继位。他对父亲向北宋称臣极为不满，主张按党项族的传统和生产生活方式，战争为先，兵马为务，建立有鲜明民族特点的独立政权。他先后攻占了河西走廊，并在与北宋交界的府州（今陕西府谷县）、环州（今甘肃环县）、庆州（今甘肃庆阳市）击败宋军，又从吐蕃手中取得今青海西宁及其以东的河湟地区，扫除了建国的后顾之忧。

1038年，李元昊正式自称兀卒（汉语"皇帝"之意），国号"邦泥定国"（汉语意思为"太白上国"），因其地在中原之西，所以汉族文献称之为西夏。

西夏建国后，势力迅速扩大，相继与北宋、辽、金、南宋形成鼎立局面。西夏最强盛时疆域东到黄河，西至玉门关，南迄萧关（今宁夏固原北），北抵蒙古高原。西夏政治、经济、文化发达，先后传位10个皇帝，历时190年，在中华民族历史上写下了重要篇章。

>>>寻踪觅迹

宁夏银川市　古称兴庆府，是西夏的都城，有西夏王陵、承天寺塔、拜寺口双塔等西夏古迹。西夏博物馆、宁夏博物馆收藏众多西夏文物。

16. 宋与西夏时战时和

党项族首领从隋唐开始都一直臣服于中原王朝，接受中原王朝的赐姓和管理，北宋时虽然在边境地区掠夺北宋百姓财物的事件不时发生，但是始终没有独立称帝。北宋为了稳定西部边境，对党项族一贯采取安抚政策：经常赐给大量钱币、绢帛、茶叶等；在双方边境设置多个市场，开展贸易活动；党项进贡马匹、骆驼时，北宋回赠大量的钱物，其价值远远超过进贡的物品；每当党项遇到灾害，北宋尽可能给予救助，仅1010年党项地区发生饥荒时，就给了百万担粟米。对北宋的慷慨，党项族首领都非常感激。李明德去世前对李元昊说："我们党项族30年来都穿着绫罗绸缎，这是宋朝的恩泽，不要忘恩负义。"

然而，李元昊却不甘心永远臣服于别人，一心想摆脱北宋的控制，独立建国。李元昊称帝建国的消息传来，北宋上下极为震怒。当李元昊上表请求予以

宁夏银川西夏王陵三号陵陵台遗址
三号陵是西夏开国皇帝李元昊的陵墓。

外交承认并册封称号时，自然遭到了北宋的严词拒绝。北宋下诏削去李元昊的赐姓和官爵，关闭互市，边关还贴满了悬赏俘获李元昊或将其斩首的布告。在当时北宋君臣的眼中，消灭西夏是件易如反掌的事。

西夏地处中国西北，很多州郡都是不毛之地，粮食、布匹、茶叶等都不能自给，只能用盐、羊、马及畜产品与中原交换，经济上对北宋有很强的依附性，有的史书说西夏依赖与宋朝的互市交易犹如"婴儿渴望乳汁"。当北宋关闭互市、停止每年的赏赐之后，西夏经济遭到了沉重的打击，双方关系迅速降至冰点，战争成了解决问题的唯一和最后手段。

从1040年开始，北宋与西夏连续三年交战，结果宋军惨败，数万将士或阵

西夏王陵出土的迦陵频伽
迦陵频伽是古印度梵文的音译，意为妙音鸟或美音鸟，是佛国世界里的一种神鸟。

亡或被俘。北宋上下原先那种一气荡平西夏的豪气烟消云散，开始意识到与西夏的军事对抗并没有优势。由于军费大量增加，加重了西北各族人民的负担，苦不堪言的老百姓纷纷揭竿而起。契丹族也指责北宋，称西夏是辽的外甥国，北宋攻打西夏没有跟辽打招呼，是有意要破坏澶渊之盟。于是，北宋急忙向辽朝赔不是，并希望通过辽约束西夏。辽趁机要求北宋每年增给10万两银子和10万匹绢，北宋不得不答应。这样，辽成了北宋和西夏战争中不花本钱的大赢家。

西夏虽然取得了一些胜利，但代价太高。战争中的掳掠反不及与北宋和好时每年得到的赐物多，特别是由于没有了和北宋的贸易往来，粮食、布匹、茶叶等生活必需

>>>阅读指南
顾宏义：《天倾——十至十一世纪宋夏和战实录》。上海书店出版社，2012年2月。
李蔚：《中国历史·西夏史》。人民出版社，2009年1月。

琉璃鸱（chī）吻
西夏王陵遗址出土。鸱吻是屋顶正脊两端的装饰物。

宁夏银川西夏王陵遗址石雕人像碑座

人体呈屈膝跪坐之态，头部夸张，面形方圆，五官扁平，高颧塌鼻，獠牙外露，胸部硕大，两条粗壮的手臂或上举或握拳置于膝上，专家认定为女性。女性驮碑是生命、力量的表现。

品价格飞涨，民怨沸腾，实在是得不偿失。辽从北宋那里得到了好处，也给西夏增加了压力，辽夏关系也急剧恶化。

战争不能解决问题，西夏和北宋都希望议和，关键是李元昊是否愿意放弃皇帝称号。经过一年多的谈判，北宋庆历四年（1044），双方达成协议：夏、宋罢兵修好，西夏向北宋称臣，李元昊放弃称帝，北宋册封李元昊为"夏国主"；西夏归还战争中占领的北宋土地及其他边境民族的杂居地，北宋放弃让西夏归还在战争中掳走的将士、百姓和牲畜等；北宋每年赐给西夏绢13万匹、银5万两、茶叶1000千克；在春节、中秋、端午等节日以及李元昊生日时给予赏赐，每年的赐赏达到银2.2万两、丝绸布帛2.3万匹、茶叶5000千克；重新开放互市，恢复贸易往来。

协议换来了北宋与西夏20年的和平。由于北宋统治者消灭西夏、从根本上解除西部隐患的想法一直没有放弃，而西夏也始终想扩大其生存空间，掠夺更多的财物，所以从1066年开始，双方又处于时战时和的状态。战争导致社会各种矛盾加剧，国力大大衰减，使双方都成了自己的掘墓人。

>>>寻踪觅迹

甘肃武威市西夏博物馆　武威宋代称西凉府，是西夏的"辅郡"和晚期的政治中心，拥有丰富的西夏文化遗产。

17. "死文字"的复活

清嘉庆九年（1804），著名金石学家张澍（shù）与朋友到凉州（今甘肃武威市）大云寺游览，无意中在寺里发现了一座用砖封闭的古亭，经过三番五次说服，寺中僧人才同意打开古亭。当张澍雇佣的人拆除围在亭子外面的砖头后，露出了一块石碑，碑阳面刻着一种不认识的文字，阴面为汉文。张澍根据碑阴文末尾有西夏文年号，推断正面那些文字应该是西夏文。清朝时西夏文已经是一种被人们遗忘了的文字，无人能够辨认。因此，这块碑的发现，使人们开始重新学习和研究这种已经"死"了几百年的文字。

西夏政权前期与北宋、辽鼎立，后期与南宋、金相抗衡。西夏文化发达，

西夏文"敕燃马牌"铜牌
西夏军队传达紧急军令的符牌。

提倡儒学，推行佛教，并创制了文字。西夏文字是仿照汉字创造的。1036年，李元昊在正式称帝前命大臣野利仁荣创制文字，野利仁荣历时三年，采用汉字的偏旁、部首，共造出5000余字。西夏文合成字占绝大多数，字的构成多采用汉字的会意法，也有和汉字相同的以类相从法，有的则直接借用汉字，字体也有草、篆、隶、楷等，可以说西夏文是学习、借鉴汉族文化的创新成果。

西夏文被尊为西夏国字推行，用于书写各种文书诰牒，应用范围很广，留下了大量文献典籍。为了便于西夏人学

西夏文碑刻残片

西夏文"首领"铜印
印文为阴刻篆书西夏文"首领"二字；印背方
形纽上刻西夏文"上"字；纽两侧各刻四个西
夏文字，左为"契讹余□"，右为"乾祐六年
(1175)"。宁夏固原博物馆藏。

具柄西夏文铜镜
上铸西夏文字"钱""佑"。

习本民族的文字，西夏还编撰了多种西夏文辞书。如《音同》(《同音》)是一部以声母分类的西夏文字典，共收 6000 多字；《文海》是一部兼有《说文解字》和《广韵》特点的大型西夏文韵书；《番汉合时掌中珠》则是为了便于汉族人学习西夏文而编的夏汉、汉夏双解通俗语汇辞书。西夏也没有禁止使用汉文，而是两种文字同时流行，并用西夏文翻译各种汉文经史典籍及佛经，对传播汉文化、提高西夏国民素质发挥了重要作用。

1227 年西夏灭亡后，西夏文仍继续使用，元朝曾雕印西夏文《大藏经》3600 余卷，分发给原西夏统治的主要地区，继续利用佛教加强对党项族的统治。

后来，随着文献典籍的散佚以及党项族与其他民族融合，西夏文逐渐变成一种无人能识的"死文字"。直到 19 世纪中叶，人们才知道北京居庸关长城过街门洞上的六种石刻字体中，有一种就是失传已久的西夏文。

随着考古和研究的深入，"死文字"又逐渐活了过来。通过对"死文字"的解读，西夏古国的神秘面纱也将逐渐被揭开。不过，由于懂西夏文的人太少，史学界一些专家仍然把这种文字及文献的研究称为"一门绝学"。

>>>阅读指南
　　吴峰云、杨秀山：《探寻西夏文明》。宁夏人民出版社，2006 年 8 月。
　　唐荣尧：《王族的背影》。宁夏人民出版社，2010 年 9 月。

>>>寻踪觅迹
　　四川木雅人　四川道孚县、木里县、康定县一带的木雅人，有专家认为可能是党项族后裔，西夏亡国后南迁于此。

18. 生女真的崛起

唐朝时生活在今中国东北地区的黑水靺鞨，到了宋、辽时期更名为女真，辽代因避辽兴宗耶律宗真讳又称其为"女直"。

辽代女真族分布在南起鸭绿江、长白山，北至黑龙江中游，东抵日本海的广大地区。契丹人对女真族实行分而治之的政策，把一大批女真族人往南迁徙到辽东半岛，编入辽朝户籍，这些人在新的环境里不断受汉、契丹等民族的同化，被称为"熟女真"。那些留居粟末水（今松花江）以北、宁江州（今吉林扶余市）以东的女真人，依然保持着独特的民族传统习俗和制度，他们被称为"生女真"。黑水靺鞨后裔是生女真的主体。

生女真长期没有文字，用结绳、刻木

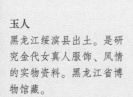

玉人

黑龙江绥滨县出土。是研究金代女真人服饰、风情的实物资料。黑龙江省博物馆藏。

之类的原始方法记事，凭借世代相传的经验识辨四季，以"青草几度"来记忆年龄。由于居处地势复杂，生女真练就了娴熟的骑术，史书说他们"骑上下崖如飞，渡江河不用舟楫，俘马而渡"。

生女真习惯于依山谷而居，住木板屋，大门一律东向。由于地处寒冷地带，以烧火炕来取暖、抗寒和除湿，衣裳多用各种皮毛制作，富人以貂鼠、狐貉皮为裘，贫者以牛、马、猪、羊、猫、犬、鱼、蛇之皮为衫。

完颜部是生女真中最强大的部落。传说完颜部始祖函普是粟末靺鞨人，他的祖先在唐朝初年迁到今朝鲜半岛的北部生活，函普60多岁时来到完颜部居住的地方落户。因完颜部的人杀死了其他族群的人，致使两族长期争斗不止。完颜部的人对函普说："如果你能为族人化解这个仇怨，使两族不再互相残杀，族

>>>阅读指南

孙进已、孙泓：《女真民族史》。广西师范大学出版社，2010年3月。

何光岳：《女真源流史》。江西教育出版社，2004年2月。

黑龙江哈尔滨出土的金代铜熨斗

双鹅戏水瓶
黑龙江兰西县东风乡双榆树屯出土。
金代典型器物，体现了女真族浓厚的
渔猎生活气息。黑龙江省博物馆藏。

里有一个非常贤惠的大龄女子还没出嫁，就许配给你，婚后我们就是同一族人。"于是，函普就去劝解完颜部的仇家，说："杀了一个人，就长期争斗不止，损失太大了，还不如杀掉那个带头作乱的人，然后再用财物赔偿你们。这样，双方不但可以停止争斗，你们还可以获得好处。"对方听了，觉得有道理，就答应了。于是双方约定：凡是杀人的，必须将他的 1 位家人、20 匹马、10 头牛和 6 两黄金赔偿受害一方，之后两家就要和解，不得私斗。此后，女真人就形成了杀人要赔偿牛马 30 头的风俗。函普成功地化解了两个族群的长期纠纷，娶到了完颜部的女子，并因此被推举为完颜部的首领。

函普之后，女真完颜部逐步发展成为强大的部落，并联合其他部落组成部落联盟。完颜乌古乃成为部落联盟长时，辽朝封其为节度使，生女真从此崛起于东北大地。

女真铜铎
黑龙江五常市出土。铎是古代打击乐器，多用于军队仪仗。哈尔滨阿城区金上京历史博物馆藏。

>>>寻踪觅迹
奥里米古城遗址 位于黑龙江绥滨县绥滨镇，是辽代女真族建立的重要城镇，也是辽金时期北方少数民族的政治、经济和文化中心。
黑龙江省博物馆 收藏有众多金代文物。

19. 得胜陀吹响反辽号角

金大定二十四年（1184）春，金世宗完颜雍带领一部分大臣和仆从，由都城中都（今北京）出发，回到女真族完颜部发迹的地方、金第一个都城上京（今黑龙江哈尔滨阿城区白城）寻根。在那里，金世宗睹景思人，念乡怀祖之情油然而生。第二年，金世宗下令在完颜部故地竖立一块纪念碑，碑名叫《大金得胜陀颂碑》，今天，这块碑依然屹立在吉林松原市徐家店乡石碑崴子村里。

原来，70 年前，即辽天庆四年（1114）九月，金世宗的祖父完颜阿骨打就是在那里聚集了 2500 名女真族壮士，举行了隆重的反辽誓师，第二年阿骨打就建立了金国。金把最初起义誓师的地方命名为"得胜陀"，意为在这个地方得到胜利。《大金得胜陀颂碑》纪念的就是这个事件和完颜阿骨打建立金国的功绩。

辽朝建立后，就把女真族纳入了统治范围。1101 年辽天祚帝即位后，契丹贵族对生女真各部的压榨勒索变本加厉，要求女真人定期定量进贡人参、貂皮、名马、北珠、俊鹰、蜜蜡、麻布等土特产。辽朝地方官吏对女真人施行各种名目的摊派，甚至经常和奸商一起低价强购女真族人的

铜坐龙
黑龙江哈尔滨市阿城区金上京会宁府遗址出土，金代皇室御用器物。青铜实铸，构思巧妙，造型新异。黑龙江省博物馆藏。

铜坐龙
北京金中都遗址出土，首都博物馆藏。

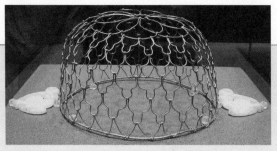

金丝凤冠

北京市房山区金陵遗址石椁墓出土。有专家认为此墓即完颜阿骨打的景陵，凤冠属于其皇后。首都博物馆藏。

物品，称为"打女真"。天祚帝还经常派遣佩戴着辽皇室标志的"银牌天使"，强迫女真人冒着生命危险去捕捉海东青（鹰）或采集珍珠，甚至迫使女真妇女伴宿，不管她们是否嫁人或生有孩子。女真人忍无可忍，反辽斗争此起彼伏。

1113年，完颜阿骨打继任女真联盟酋长，他感到武装抗辽的时机已经成熟，于是传令女真各部，约定1114年九月初在得胜陀会师，起兵抗辽。女真各部按期到达，可只有2500人。阿骨打没有丧失信心，他举行了祭告天地的仪式，历数辽朝对女真所犯的罪行，宣传反辽的正义性，并宣布：在战争中立功的人，原来是奴婢身份的让他变成自由民，原来是老百姓的给他官当，原来当官的则升官。有功者赏、有罪者罚，极具诱惑力和威慑力，女真人士气旺盛，个个求战。

阿骨打率领大军直扑宁江州（今吉林扶余市），途中与辽军遭遇，在辽军的凶猛攻击下，女真军几乎不支，阿骨打也险些被箭射中咽喉。他干脆甩掉头盔，不顾危险，身先士卒杀入敌阵，女真将士勇气倍增，愈战愈勇，辽军溃不成军，很多人在慌乱奔逃中互相践踏。阿骨打随即攻克宁江城，声威大震，不仅女真各部纷纷归附，辽朝统治下的渤海人和被编入辽籍的熟女真也被招降。阿骨打又一鼓作气，乘胜分路进兵，大败辽军，接连攻占了辽的一些州县，缴获车马、武器和其他财物不计其数，收降了辽军中的兀、奚等各族兵士，力量大增。

1115年正月，阿骨打仿照汉族制度，称皇帝、建国、国号大金，以会宁府为都。为什么把国号定为"金"？阿骨打说："辽以镔铁为国号，象征辽国坚硬如铁。铁虽坚硬，最终难免朽烂，唯有金不变不坏。"

金建国后，只用了十年时间就灭亡了辽朝，然后把兵锋指向北宋，中华大地上出现了金、西夏、宋三足鼎立的局面。

>>>阅读指南

田宏利：《女真大帝完颜阿骨打》。内蒙古人民出版社，2012年9月。

宋德金：《一本书读懂辽金》。中华书局，2011年7月。

>>>寻踪觅迹

黑龙江哈尔滨市阿城区 女真族故地，有金代早期都城金上京会宁府遗址、金太祖完颜阿骨打陵等相关古迹，金上京历史博物馆收藏众多金代文物。

20. 女真立国支柱猛安谋克制

女真族在不太长的时间里军事实力急剧增强，足以与曾经十分强大的辽朝及泱泱大国北宋抗衡，秘诀就是其独特的猛安谋克制。

猛安谋克制源于女真族早期的狩猎生产组织。那时，外出狩猎要组织部落人员集体出动。后来，这种以部落为单位出猎的生产组织渐渐发展成为一种军政合一、兵民合一的制度，各户壮丁平时生产，战时自备兵器、干粮出征。行军打仗时部落酋长称为"猛安"或"谋克"，也是一种军事长官称号。通常一个猛安包括八个至十个谋克，人数没有严格的规定。1114年，完颜阿骨打起兵反辽时，统一规定三百户为一谋克，十谋克为一猛安，谋克即百夫长，猛安即千夫长，谋克、猛安既是行政长官，又是军事首领。

女真统治者还借鉴中原的官制，规定猛安为从四品，职责是管理军务、训练武艺、指导农业生产，还要承担对外防御的责任；谋克为从五品，除了承担县令的职责外，还要安抚军户、训练武艺。

猛安谋克制是女真族军事、经济、行政三位一体的基层政权组织，猛安的地位相当于州，谋克的地位相当于县，同时猛安谋克的官品又高于州县，成为金朝特殊的贵族势力。

猛安谋克是世袭的，金朝规定只有25岁以上的女真人才有资格充当猛安谋克，并对贫困的猛安谋克户进行多方救济。猛安谋克的田地不与平民的田地混

双鲤鱼纹铜镜

黑龙江哈尔滨市阿城区金上京遗址出土。直径43厘米，重12.4千克，是最重的古代铜镜。渔猎在女真人的生活中占有重要地位，鱼纹镜是金代最典型的铜镜。金上京历史博物馆有铜镜专题展览。

>>>阅读指南

孙昊：《女真帝国》。中国国际广播出版社，2009年1月。

龚书铎、刘德麟：《金戈铁马的交汇——辽西夏金》。北京联合出版公司，2012年7月。

金上京遗址出土的银鎏金熏香炉

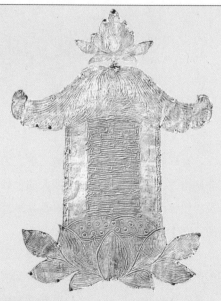

银铭牌

黑龙江哈尔滨市阿城区完颜晏墓出土，是完颜晏的官衔牌。整体图案为一莲花龛，造型独特，工艺精美。完颜晏是金太祖完颜阿骨打的堂弟，生前拜太尉、齐国王。

杂，凡有犬牙交错的，要进行置换，并禁止猛安谋克户与外族通婚。

猛安谋克这种以血缘为基础的军政一体组织，使处于封建化之前的女真军队十分骁勇善战，在与辽和北宋的交战中，几乎所向披靡，战无不胜。但是，随着领土的不断扩展，生产方式的变化，猛安谋克就难以适应中原多样的社会形态。大量猛安谋克户作为屯田军南迁到今华北地区，与当地汉族杂处，按人口分配土地，从事农业生产，女真族的封建化程度逐渐加深，猛安谋克户的上层逐渐变成坐食地租的封建主，一般的猛安谋克户则成为自耕农。为了满足猛安谋克户对土地的需要，金朝采用强制手段，把大量汉民田地收归国有，然后分配给猛安谋克户，这就必然激化民族矛盾。同时猛安谋克户在国家供养下普遍变得游手好闲，好逸恶劳，昔日的彪悍尽失，最终威胁女真族的统治。

>>>寻踪觅迹

金界壕　又称金长城、兀术长城，是金代女真人为了防御蒙古铁骑南下而修筑的边塞军事防御工程，全长约五千千米。金界壕遗迹主要分布在内蒙古境内，部分在黑龙江与河北境内，还有一部分在俄罗斯和蒙古国境内。黑龙江齐齐哈尔市碾子山区建有金长城遗址公园。

21. 女真族的汉化

女真族建立金朝后，就开始大量南迁。根据金大定二十三年（1183）统计，当时留居东北地区的女真族有200多万人，迁居中原的也有约200万人，迁往今内蒙古的有40多万人。女真族迁入汉地与汉族杂居后，生活方式很快就发生了变化，女真族统治者不得不采用汉族的传统体制来实行统治。

为了加快发展步伐，金朝第三任皇帝金熙宗进行了许多重大改革，核心是向汉族学习。

政治上，金熙宗仿照辽、宋官制，兼采唐制，在中央推行汉官制度，设立尚书、中书、门下三省等；地方仍采用一朝两制，即原辽、宋统治的地区保留路、府、州、县建制，只在女真族地区保留猛安谋克制，但强化了皇权，规定贵族大臣封王授号，只是一种荣誉，不拥有封地；在金朝旧制的基础上，参考隋唐和辽宋法律制度，制定了全国统一的法律——《皇统制》。

在经济方面，金熙宗改革最大的是猛安谋克制，一方面废除猛安谋克承袭制度，另一方面强迫猛安谋克户南徙中原，与汉人交错杂居，按照户口分配给官田，从而推动了女真族的封建化进程。

在文化方面，金朝初年，朝廷上下保留着一种较为淳朴的风尚，君臣之间不甚注重礼仪，尊卑界限不是十分严格。金熙宗命百官制定了周密详尽的礼仪制度，处

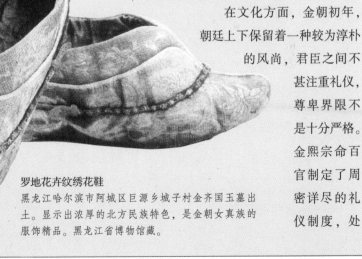

罗地花卉纹绣花鞋
黑龙江哈尔滨市阿城区巨源乡城子村金齐国王墓出土。显示出浓厚的北方民族特色，是金朝女真族的服饰精品。黑龙江省博物馆藏。

金"兴定宝泉"纸钞印模

中国是世界上最早使用纸币的国家，10世纪末民间就出现了最早的纸币——交子。金朝从贞元二年（1154）开始发行交钞，"兴定宝泉"就是其中一种。

持棍戏剧人物砖雕

河南义马市金代纪年砖石墓出土，河南三门峡市博物馆藏。

处表现皇帝至高无上的尊严。金熙宗还大兴土木，使上京会宁府开始有了皇都的气象。同时，金熙宗颁行自己改制的女真小字，规定女真字与契丹字、汉字同为官方通用文字。

>>>阅读指南

蔡美彪、吴天墀：《辽·金·西夏史》。中国大百科全书出版社，2011年1月。

宋德金：《金金西夏衣食住行（插图珍藏本）》。中华书局，2013年4月。

金熙宗自幼随辽代进士韩昉学习汉文经史，汉化程度很深。他改制后，几乎完全抛弃了女真旧制，从中央官制、地方政制到法律、礼仪、历法、宗庙制度等，全盘采用中原汉族王朝的体制。到了大定年间（1161~1189），女真人已经普遍会汉语，女真上层更是热衷乃至沉湎于汉文化，不少人能写诗作对，写一手漂亮的汉字。金中期之后，女真人改汉姓、穿汉服的现象越来越普遍，成为一种社会风尚。

金上京遗址出土的卷云龙纹长方砖

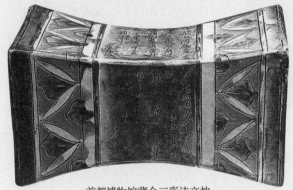

首都博物馆藏金三彩诗文枕

用女真大小字翻译儒家经典，作为教科书颁行全国。三是把女真起家本领骑射列入科举考试的内容，规定射十箭要能中两箭者才能取得参加考试的资格，以保持民族传统的尚武精神，并保证军队有足够的兵源。四是禁止猛安谋克户与汉人通婚，以保持女真族的"纯洁"。

金统治者发起的女真文化复兴运动还是无法扭转女真人的汉化方向，到金后期，几乎所有的女真姓氏都有相应的汉姓，女真族与汉族的通婚也越来越普遍。金统治者不得不面对现实，改变政策，泰和六年（1206），金章宗宣布允许猛安谋克户与州县汉民自由通婚，第二年又宣布女真进士免试骑射。金朝统治者最终放弃了对汉文化的抵制，使女真族更多地吸收汉文化，促进了民族的融合。

面对汉化潮流，一部分金朝统治者非常忧虑，部分女真族上层人物认为应该仿效辽和西夏的做法，努力保持本民族的文化传统和民族本色。金世宗和金章宗时曾进行过许多努力，采取种种措施，试图遏止女真人的汉化趋势。一是禁止女真人改汉姓、着汉服，违者给予严厉处罚。二是大力倡导学习和使用女真语、女真字，尤其注重对皇子皇孙们进行女真文化教育。金世宗时曾一度要求世袭猛安谋克户必须学习女真字，凡承袭人不识女真字者，勒令先学习后承袭，还兴办女真字学，设立女真进士科，

>>>寻踪觅迹

金陵遗址 位于北京市房山区云峰山下，葬有金代皇帝及后妃、诸王等。

北京辽金城垣博物馆 位于北京丰台区右安门外玉林小区内，是一座建在金中都水关遗址上的专题遗址博物馆。

22. 令人困惑的女真文

女真文字碑拓本

金世宗完颜雍1185年立的《大金得胜陀颂碑》具有重要的历史和文物价值。这块碑的碑首浮雕四条蟠龙，正面龙身盘曲间留有额心，镌刻"大金得胜陀颂"六个篆字，是金代书法家党怀英的手笔。碑身正面刻有汉字碑文815字，引用汉族文献的典故，歌颂伏羲、轩辕、刘邦等汉族英雄人物，碑背面刻有女真大字碑文1500余字。这块碑是目前中国女真文碑刻文字最多、保存最完整的一座，它是女真文字创制当世的碑刻，又与汉文相对照，形成一部石刻对照辞典。

女真文字是多民族文化结合的结晶。女真人在建国之前也没有文字，以刻木记事传递信息，与辽朝交往时则只能借用契丹文。金建国后不久，太祖完颜阿骨打就指派大臣完颜希尹和叶鲁创制女真字。完颜希尹根据由汉字改制的契丹字，制成了女真大字。女真大字的结构由汉字笔画组成，字也成方块形。早期的女真字有的直接采用契丹字或汉字字形，但多数是将契丹字、汉字加减笔画、变形并参考原音或原义的方法制成。后来，汉字对女真字的影响越来越大，有的采自契丹字形的字消失了，有的字则为了区别于汉字而变形。女真文直行竖写，自右向左，与汉文相同。

金熙宗时又创制了一种笔画简省的新字，即女真小字。这样，两种女真字与汉字、契丹字同为金朝官方通用文字，

女真印文

金代"官"字素面铜镜

金代银锭

金朝的币制是钱、钞、银三种并行，虽有自己的文字，但在钱币中不曾使用。

后来契丹字逐渐被废除。在金代，女真文字为推动中国华北、东北地区的统一做出了重要贡献。

进入中原的女真人处于汉族的汪洋大海之中，逐渐以汉字代替了女真字。只有居住在故地松花江、牡丹江流域的女真人，在此后的数百年里仍然使用女真文字，直到明代，他们向朝廷呈递的公文仍然是用女真文写的，明朝给他们的批复也使用女真文。后来满文在东北地区推行，女真文字才完成了它近五百年的历史使命，也变成了一种死文字。

金代曾用女真文翻译汉文书籍多种，却都没有流传下来，传世的只有明朝永乐年间编辑的《女真译语》一书，其余就是一些碑铭、铜镜、印鉴、题记等，非常零散，这给研究金朝历史增加了很大困难。现在传世的女真文字只有一种，究竟是女真大字还是女真小字，没人能说得准。

>>>阅读指南

宋德金：《中国历史·金史》。人民出版社，2006年6月。

于元：《辽金西夏——边域称雄》。吉林文史出版社，2012年1月。

>>>寻踪觅迹

金代摩崖石刻　位于吉林梅河口市小杨乡庆云村半截山南坡，是中国仅存的几块女真字碑之一，是辽、金战争的佐证。

大金得胜陀颂碑　位于吉林松原市徐家店乡石碑崴子村。

23. 北宋联金灭辽反为自己掘墓

北宋政和元年（1111），宋徽宗趁辽天祚帝举行寿礼之机，派宦官童贯带人前往祝寿，这时距离宋辽签订澶渊之盟已有107年。虽然这百余年间宋辽两国高层一直保持亲密交往，互通贸易，边境和平安宁，但是宋朝上下不少人依然对没有收回被辽占领的燕云十六州耿耿于怀。收复燕云十六州一直是宋朝历任皇帝的梦想，可惜实力不济，未能如愿。这时女真族在东北崛起，对辽构成了很大威胁，生性好大喜功的宋徽宗认为这是完成祖宗未竟之业、建立"不朽功勋"的好机会，于是派团出访，实际上是借祝寿之名，去打听辽的虚实。

堂堂一个大国，为什么派一个宦官带队？有人向宋徽宗提出了质疑。宋徽宗说："童贯在青海打过胜仗，让他去契丹，杀杀他们的威风。"不过，童贯出使不但没有达到灭辽威风的目的，反而给宋朝的覆灭种下了直接恶果。

宋朝代表团在返程途经燕京时，遇到了曾在辽朝做过官的燕人马植，他声称有灭辽良策，于是童贯就将他带回汴京（今河南开封），引见给宋徽宗。马植向宋徽宗献上了联金灭辽之策。他说：辽天祚帝是个荒淫无道的昏君，辽走向没落了，现在正是收复燕云十六州的好时机。女真人对辽人恨之入骨，可派使者与女真结盟，相约夹击辽朝，辽必亡无疑。宋徽宗听后大喜，赐马植国姓赵，改名为赵良嗣，并任

桃鸠图

传为宋徽宗赵佶的作品。上有"大观丁亥御笔天"的题记，宋大观丁亥年是1107年，这一年徽宗26岁。徽宗治国无能，但擅长书画艺术，他对书画艺术的提倡和创作，以及对古代艺术的整理与保存，有突出贡献。日本东京国立博物馆藏。

命为秘书丞，不久又升迁为龙图阁直学士、光禄大夫。

宋徽宗准备与女真结盟攻辽的消息传开，引起了轩然大波。有的大臣认为应当谨守澶渊盟誓，不要轻易破坏和平的局面，贸然开战，必将后患无穷，但宋徽宗还是派马植出使金朝，向完颜阿骨打传达了通好伐辽的意向。在多次接触后，宋金于宣和二年（1120）达成协议：宋金分头攻打辽朝，金军攻打辽中京大定府（今内蒙古宁城县），宋军攻打辽南京析津府（今北京）和西京大同府（今山西大同）；灭辽后，宋将原来给辽的财物转给金，金则将燕云十六州还给宋，双方均不得单独与辽讲和。这个盟约史称"海上之盟"。

辽知道宋金结盟，朝野震恐。为了避免交战，辽派使者对童贯说：女真叛变作乱，贵国作为我们的盟友，应当和我们一起对付女真，不应该贪图小利，背信弃义，抛弃我们两国延续了百年的友谊，这样必然会种下无穷的祸根。辽还表示愿意降为宋朝藩属，年年进贡，岁岁来朝。

狂妄的童贯一口回绝，并把辽朝使者赶出中军大帐。宋徽宗担心遭到辽的报复，便下令扣留金朝使者，迟迟不履行出兵攻辽的协议，为后来金朝毁约留

大晟钟

宋徽宗时期的编钟。宋徽宗有感于当时全国音律不齐的状况，命工匠铸成几十套大晟钟，发送全国各州府，作为标准音律定音，统一了音高。

宣和三年尊

器内底铭文记载此尊为宋徽宗在宣和三年（1121）正月初五经考证古器物而作，是陈设在方泽坛的礼器。故宫博物院藏。

下了把柄。在此期间，金军以秋风扫落叶之势接连攻下辽中京、西京，辽败亡已成定局。宋徽宗这才匆忙命童贯带领15万大军以巡边为名向辽南京析津府进发，打算坐收渔翁之利。

北宋宣和四年（1122）春天，析津府辽军背水一战，结果令辽、金、宋都大吃一惊：宋兵几乎全军覆没。辽、金虽然知道宋军衰弱，没想到竟然如此不堪一击！这激发了雄心勃勃的女真骑兵的斗志，他们从此不再把宋朝放在眼里，认定不仅灭辽的时机已到，灭宋的机会也已经来临。

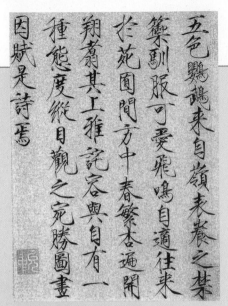

五色鹦鹉来自岭表养之禁
篆驯服可爱飞鸣自适往来
於苑圃间方中春繁杏遍开
翔翥其上雅诧容与自有一
种态度纵目观之宛胜图画
因赋是诗焉

宋徽宗的书法自成一体，叫作"瘦金体"

宋徽宗不甘心，当年秋天命童贯等再次出兵攻打析津府。虽然宋军一度攻入析津府城，与辽军展开肉搏战，但后援却跟不上，被迫撤退。宋军无奈，只好求助于金军。同年十二月，金军攻下了辽南京析津府。完颜阿骨打以宋方不遵守约定为由，不愿意按照海上之盟将燕云十六州归还宋朝。经过反复交涉，金答应归还南京及所属九州中的六州，并且提了附加条件：宋朝除每年将原来给辽的钱物如数转给金外，还要另外增加每年100万贯的"代税钱"。金军在撤退前对析津府进行了洗掠，把富户、财物、人口席卷而去，留给宋朝的只是一座空城。面对强硬傲慢的女真人，宋朝毫无办法，只好忍受。

尽管如此，宋徽宗和文武百官的虚荣心还是得到了很大满足。收复北方六州的捷报传到北宋都城汴京，京城里张灯结彩，文武百官弹冠相庆，朝廷上下无不欢欣鼓舞。宋徽宗被吹捧为完成了"太祖太宗未竟的伟业"和北方六州人民的"大救星"。宋徽宗也分外得意，宣布大赦天下，并命人刻立《复燕云碑》，以纪念自己的"丰功伟绩"，同时给参战的一帮宠臣加官晋爵，童贯也因"赫赫战功"被封为广阳郡王。

宋朝上下沉浸在一片胜利的喜悦之中，殊不知末日即将降临。1125年，金兵在俘虏了辽天祚帝后，分两路南下进攻汴京。宋徽宗吓得慌忙传位给儿子赵桓（宋钦宗），让儿子出来收拾残局。宋钦宗改年号为靖康，向上天乞求国家平安、人民康乐，但上天并没有保佑他。靖康二年（1127），宋徽宗、宋钦宗以及大量皇族、后宫妃嫔、贵卿、朝臣等数千人被金兵俘虏，史称这一事件为"靖康之难"，北宋也宣告灭亡。

>>>阅读指南

赵永春：《金宋关系史》。人民出版社，2005年9月。

晓箭：《宋徽宗》。华夏出版社，2011年5月。

>>>寻踪觅迹

辽庆州城遗址和庆陵遗址 位于内蒙古巴林右旗。庆州城是辽代极盛时期的重要州城；辽庆陵是由辽圣宗的永庆陵、辽兴宗的永兴陵和辽道宗的永福陵组成的陵园建筑群。

24. 金灭辽　契丹在中亚复国

辽天庆五年（1115）九月，金军在完颜阿骨打的率领下，以咄咄逼人之势，攻陷辽朝重镇黄龙府（今吉林农安县），尔后节节推进。曾经所向披靡的契丹军队则步步败退，辽末代皇帝天祚帝惶惶不可终日，早早就备了马，把珠玉珍玩打了包，准备随时出逃。即便这样，他还扬言："辽和宋朝是兄弟，和西夏是舅甥，我到哪里不能享受荣华富贵！"

金天辅四年（1120）五月，金军攻占辽上京。就在这个节骨眼上，辽又发生了内乱，大将耶律余睹率心腹降金，成为金军攻辽的得力先锋，于是金军更是士气高涨，斗志旺盛，势如破竹。天辅六年（1122）正月，金军攻陷辽中京大定府。辽天祚帝从中京逃到南京（今北京），惊魂未定，又接着逃命，先是逃往西京（今山西大同市），感到不安全，

契丹贵族驼车出行图
内蒙古翁牛特旗解放营子辽墓壁画。

罗马式铜灯
宋朝。新疆巴楚县出土。

又逃往夹山（今内蒙古武川县阴山一带），惶惶然如丧家之犬。

辽天祚帝逃入夹山时，命令燕王耶律淳留守南京析津府。由于听不到天祚帝的消息，群龙无首，汉人宰相李处温与大将耶律大石等就干脆拥立耶律淳为天锡皇帝，建立北辽政权。这样做还是抵挡不住金军的南下，当年冬，析津府陷落，北辽历时不到一年即告灭亡。

耶律大石是辽太祖耶律阿保机的第八代孙，文武双全，精通契丹文、汉文，善骑射。析津府被金军攻陷后，他领兵逃出重围，去见天祚帝。天祚帝不顾实际情况执意让他立即率军回去收复失地，他认为复国时机尚未成熟，却力劝无效。眼见辽朝大势已去，在辽被金灭亡前夕，耶律大石脱离天祚帝，自立为王。

>>>阅读指南
　　赤军：《西辽帝国》。中国国际广播出版社，2013年3月。
　　魏良弢：《中国历史——喀喇汗王朝史·西辽史》。人民出版社，2010年9月。

辽保大五年（1125）二月，辽天祚帝被金军俘虏，辽朝灭亡。耶律大石召集边地七个州城及18部王集会，号召重建辽朝，得到各部的支持，重新组织起一支万余人的军队，开始复兴契丹族政权的努力。最初，他们主要活动在今内蒙古东部地区，立志在契丹族兴起的地方复兴辽朝，但是，如日中天的金兵并没有放过耶律大石，不断追讨他们。1130年，耶律大石决定分兵两路西行，一路在路上被当地军队打败了，一路到达八拉沙衮（今吉尔吉斯斯坦国境内），受到那里的统治者的欢迎。耶律大石审时度势，出兵帮助平息了当地游牧民族的起义，趁机进驻八拉沙衮城，与原先来到这里的契丹人会合，然后继续向南、向西推进。1132年，耶律大石在起儿漫城（今乌兹别克斯坦国境内）称帝，建立西辽政权，又称"喀喇契丹"。

1134年，耶律大石返回八拉沙

带柄流口玻璃壶
内蒙古正蓝旗桑根达赉辽墓出土。造型具有浓郁的西亚、中亚风格，反映了辽与西方的经济往来。内蒙古博物院藏。

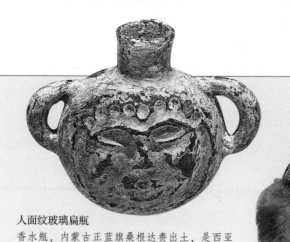

人面纹玻璃扁瓶

香水瓶，内蒙古正蓝旗桑根达赉出土，是西亚的舶来品。内蒙古博物院藏。

衮建都。在西域立足后，他马上发兵东征，企图灭金复辽，但在中途因战马损失巨大，不得不回撤。

在复国无望的情况下，耶律大石开始全力西征，先后迫使喀喇汗王朝、西州回鹘王国、花剌子模等成为西辽的属国，西辽成为当时中亚最强大的王国。在当时的西辽境内，有操伊朗语的塔吉克族，有操突厥语的各族，有从中原来的契丹人、汉人，也有从西亚来的阿拉伯人、波斯人、叙利亚人、犹太人。这些民族经营着农业、畜牧业、手工业、商业等不同的经济种类，信仰伊斯兰教、基督教、摩尼教、佛教、祆教、道教、萨满教等不同的宗教，文化也多种多样。西辽给予臣属的各个西域地方政权比较大的自治权，甚至允许其首领自称国王，并使用波斯文、回鹘文等与他们保持往来。西辽统治者信奉佛教，但并不排斥当地民族信奉伊斯兰教、景教等宗教，从而促进了民族间的相互尊重和友好往来。

耶律大石把西辽当作辽在西域的延续，其政治制度仍保持辽朝的传统，整

尖顶织锦皮帽

宋朝。新疆若羌县阿拉尔墓葬出土。里料为毡，缘镶兽皮毛，极富游牧民族特色。

个西辽宫廷与官府都通用契丹文和汉文，钱币上都印有汉文年号。中原文化在西域进一步传播，越来越多的少数民族会说汉语，甚至会用汉文书写。与此同时，更多的西方文化尤其是阿拉伯文化通过西辽传入中原，"契丹"（西辽）成为中亚和欧洲国家对当时中国的一个通称。直到现在，俄罗斯等国家对中国一词的直译称呼仍然是"契丹"。在俄语、希腊语、中古英语和穆斯林文献中，都把中国称为契丹（Kitan）。

西辽在中亚仅仅统治了86年，1218年被蒙古军队灭亡，但它为汉文化西传和中亚各民族的交流搭起了重要的平台，起过积极的作用。

>>>寻踪觅迹

托库孜萨来古城遗址 位于新疆巴楚县托库孜萨来依村，是汉晋尉头城遗址，南北朝至唐宋时期仍在使用。

25. 宋金和议　南北对峙

北宋靖康二年（1127）初，金兵攻陷北宋都城汴梁，掳走宋徽宗和宋钦宗父子，北宋灭亡。宋高宗赵构在应天府（今河南商丘市）继位，并取"以火克金"之意，定年号为"建炎"。但宋高宗却是一个软弱的人，他拒绝主战派的抗金主张，放弃北方领土，南逃到临安（今浙江杭州）定都，此后的宋朝被称为南宋。

面对金兵的进犯，南宋军民奋起抵抗，宗泽、岳飞、韩世忠等都是著名的抗金名将。

宋高宗逃到南方后，宗泽以69岁高龄留守东京城（今河南开封），招聚义兵近二百万，与金兵隔黄河对峙。宗泽死后，他的部下岳飞与韩世忠等人继续高举抗金大旗。

正当岳飞、韩世忠等将帅领导军民抗金取得节节胜利，形势已经向有利于宋朝方面转化时，宋高宗却重用投降派秦桧等人，以屈辱条件向金人乞降求和：金答应把河南、陕西归还给宋，而宋则向金称臣纳贡。岳飞将个人安危置之度外，三次上书反对议和，竟成了宋高宗和秦桧的眼中钉。

屈辱的协议换来了暂时的平静。正

中兴四将图（局部）
南宋刘松年作。绘南宋四将岳飞（左一）、张俊（左三）、韩世忠（左四）、刘光世（右一）全身立像。
中国国家博物馆藏。

在这时，金朝发生内讧，主张对宋战争的金兀术掌握了军权，他立即撕毁与南宋订立的"和议"，于绍兴十年（1140）五月分兵两路，很快占领了河南、陕西，之后率大军大举进攻淮南。宋高宗又慌了手脚，急忙下令岳飞带兵去阻挡金军。

岳飞怀着收复中原的抱负挥师挺进，这年七月初八日与金兀术率领的 1.5 万精锐骑兵在郾城（今河南漯河市）对阵，重创金兀术，金军惊叹"撼山易，撼岳家军难"。

岳飞乘胜追击，一路所向披靡，连续收复郑州、洛阳等战略要地，收复东京汴梁、北渡黄河进而收复中原已经指日可待。岳飞向宋高宗提出了全线进攻、渡黄河收复失地的请求，但宋高宗只满足于挡住金军的进一步南侵，保住半壁江山，不仅不同意岳飞的请求，反而下令各路宋军撤退，使岳家军处于孤军无援的境地。接着，宋高宗又连发出 12 道金牌，强令岳飞撤退。岳飞悲愤地叹道："十年之力，废于一旦。"在送岳家军撤退的路上，军民哭声动天！

为了扫清同金人议和的障碍，宋高宗、秦桧先后解除了岳飞、韩世忠等大将的兵权。这时金兀术攻打淮西又吃败仗，认识到使用战争

浙江杭州岳庙岳飞塑像。"还我河山"四字为岳飞书法

韩瓶
流行于南宋和元朝，外形瘦长，相传因南宋抗金名将韩世忠的军队曾用其储酒、汲水而得名。

赐岳飞批札（局部）
宋高宗赵构早年给岳飞亲笔信的一部分。台北"故宫"藏。

对付南宋代价太大，也愿意议和。宋高宗和秦桧怕岳飞等主战派再次反对，竟在金兀术的鼓动下，以谋反罪名将岳飞父子及其部将逮捕入狱。绍兴十一年（1141）十一月，宋金正式订立和议：南宋向金朝称臣，每年纳贡银25万两、绢25万匹，并将淮水以北地区划归金朝，史称"绍兴和议"。这样，宋金形成了南北对峙的局面。

绍兴和议订立不久，岳飞父子等就被以"莫须有"的罪名杀害，其家人等被流放岭南。直到宋孝宗即位，岳飞才得以平反昭雪。

>>>阅读指南
　　覃仕勇：《这才是岳飞》。重庆出版社，2013年5月。
　　梁春贵：《金兀术正传》。吉林大学出版社，2010年11月。

>>>寻踪觅迹
　　浙江杭州岳飞墓和岳王庙　许多地方都有纪念岳飞的岳王庙，除杭州外，河南汤阴和开封、江苏靖江、江西宜丰等地也有岳王庙。
　　岳飞城遗址　位于湖北沙洋县五里铺镇。史载南宋绍兴四年（1134），岳飞受命抗击金兵，曾在此拓置城堡，岳家军在此驻扎八年之久。

26. 传说中的武林世家

在著名作家金庸的武侠小说中，遥远的云南有一个神秘的武林世家：大理段氏。他们个个武功盖世、威震江湖，风流潇洒、侠肝义胆，深晓民族大义，一时倾倒众生！

历史上确实有段氏王朝，它就是在唐朝南诏国基础上建立起来的大理国。大理22代国王中，有9位不爱江山，出家为僧，他们出家的地点就是今天依然耸立在苍山脚下洱海边上的大理崇圣寺。

大理国的创始人是段思平。相传在南诏后期，有一位叫杨欢喜的人年过四十仍无子女，他就在后园栽了一棵李子树，天天对着李树求告，乞求老天爷能赐给他一男半女。到了第四年，李树开花结果了，其中有一个李子长得有小瓜一样大，而恰巧这时他的妻子也怀了身孕。当李子成熟的时候，妻子生下了一个女孩，取名叫杨李珍，村里人都叫她"白姐阿妹"。杨李珍长到18岁，出落得如花似玉，被老两口视为掌上明珠。

这时，有个叫段宝竜（lóng）的人一直到30岁还没娶妻，听说杨李珍聪明贤惠，就上门求婚。段宝竜是南诏国清平官（宰相）、大将军段俭魏的第五代孙，因家道中落，当时已沦为一般老百姓，他会一手好木匠活。杨欢喜得知段宝竜是南诏名门之后，人品又好，就招他做了上门女婿。段宝竜和杨李珍生了两个儿子，大的取名段思平，小的取名段思良，此时正是南诏国末期。

因家境渐贫，段思平幼年曾牧羊山中，他聪慧颖敏，长大后能武善文。这

张胜温画卷（局部）

又名《张胜温画梵像》，是大理国画工张胜温绘制的一幅以佛教故事为主的名画，其中有大理国皇帝段智兴与文武百官等一同前往礼佛的情景。台北"故宫"藏。

大理国石经幢（局部）

大理国末期建造，出土于云南昆明地藏寺废墟。幢体呈七层八面宝塔形，由五段紫砂石雕刻而成，通高6.5米。幢身刻有汉文、梵文经文多篇，雕满佛教密宗佛、菩萨、天王、力士、鬼奴及地藏储神像共300尊，大像高约1米，小像不足3厘米，比例协调，造型生动优美。昆明市博物馆藏。

时的南诏风雨飘摇，先是大臣郑买嗣杀死南诏王建立大长和国，接着大长和国大臣杨干贞又篡权建立了大义宁国。杨干贞贪婪残暴，民怨极大。当时民间流传一首民谣："羊本狼，快要亡；段思平，为帝王。"杨干贞听到后便派人四下打听段思平是什么人，手下人向他报告说段思平只是个老实巴交、守本分的农民。杨干贞心想：要是无缘无故地杀了段思平，会引起更大的民愤，不如假意把他招来，先封个官，然后再寻机除了这个心头大患。于是，段思平被宣进宫，封为通海节度使，然后远离大理到滇中（今云南通海县）上任。

段思平显示出了很强的治世才干，上任不到一年，就把当地治理得井井有条，人民安居乐业，滇东南37个蛮部都拥戴他，称他为王。杨干贞知道后十分害怕，多次派人追杀段思平，由于得到老百姓的掩护，段思平都化险为夷。

公元937年，段思平发动起义，灭大义宁国，建立新政权，国号"大理"，都城羊苴咩城（今云南大理）。

大理建国后，段思平重新统一了原南诏各部，其疆域范围大致包括今云南、贵州、四川西南部，以及缅甸北部、老挝与越南的少数地区。

大理国推行汉文化，对当地少数民族实行羁縻统治，对巩固西南边疆、促进西南经济和社会文化的发展做出了重要贡献。

>>>阅读指南

廖德广：《大理国王室探究》。云南民族出版社，2009年12月。

杨周伟：《朝圣魂归——南诏大理国》。云南人民出版社，2011年9月。

>>>寻踪觅迹

云南大理市 从唐大历十四年（779），南诏迁都于此，直到大理国灭亡，大理一直作为南诏和大理国的都城，留下了崇圣寺三塔、大理古城等众多相关的文物古迹。大理州博物馆有南诏、大理国历史和白族历史文化专题陈列。

27. 宋挥玉斧砍不断中华情

五百里滇池，奔来眼底，披襟岸帻(zé)，喜茫茫空阔无边。看东骧神骏，西翥灵仪，北走蜿蜒，南翔缟素，高人韵士，何妨选胜登临。趁蟹屿螺洲，梳裹就风鬟(huán)雾鬓，更苹天苇地，点缀些翠羽丹霞。莫孤负四围香稻，万顷晴沙，九夏芙蓉，三春杨柳。

数千年往事，注到心头，把酒凌虚，叹滚滚英雄谁在。想汉习楼船，唐标铁柱，宋挥玉斧，元跨革囊，伟烈丰功，费尽移山心力。尽珠帘画栋，卷不及暮雨朝云，便断碣残碑，都付与苍烟落照。只赢得几杵疏钟，半江渔火，两行秋雁，一枕清霜。

上面这副长达216字的对联挂在云南昆明滇池边的大观楼里，是清代人撰

鸱(chī)吻

中国古建筑屋面上的一种装饰物，一般用于宫殿或庙宇。此件鸱吻说明大理国不仅建筑规模宏伟，而且深受中原文化的影响。云南大理州博物馆藏。

大鹏金翅鸟

大理佛教文化的象征物之一。在佛教传说中，大鹏金翅鸟是佛祖释迦牟尼的护法神鸟。云南省博物馆藏。

写的，号称"天下第一长联"，它感叹的是云南的历史沧桑。

云南自古就是中国领土的一部分，从战国时代的滇国，到唐代的南诏国，都与中原王朝保持着千丝万缕的联系，可是到了宋代，却发生了对联中所说的"宋挥玉斧"事件。北宋乾德三年(965)，宋太祖赵匡胤派大将王全斌率军灭掉了位于今四川一带的后蜀国，使宋地与大理国辖境直接相连。大理国派人入蜀向宋朝表示祝贺，表达了与宋朝通好的愿望。王全斌也向赵匡胤进献地图，力主乘势进兵，攻取大理，但赵匡胤却不想与大理国发生关系。赵匡胤用手中正在把玩的玉斧在地图上沿大渡河画了

阿嵯耶观音
南诏和大理国特有的
神祇。造型独特，纤
细修长的身躯以及高
耸精美的头饰、发辫
及服饰等，都与其他
观音造型迥然不同。
云南省博物馆藏。

一条线，说："此外非吾所有也。"意思
是说，大渡河以西的地方不属于宋朝了。

"宋挥玉斧"是有原因的，主要是受
到了唐朝与南诏关系的影响。唐朝后期，
南诏屡犯唐境，唐朝沿大渡河设防，阻
击南诏攻掠各地，大渡河成为唐与南诏
之间事实上的边界。宋初立国未稳，虽
然平定了后蜀，但全国统一大业尚未完
成，兵力和财力都有限，因此只想与大
理国保持相安无事。

宋朝与大理国划江（大渡河）而治，
使大理国欲寇不能，欲臣不得。大理国
多次派遣使者入贡北宋，希望建立藩属
关系，要求对其进行加封。北宋建国之
后一直面临内忧外患，辽和西夏在北方
虎视眈眈，因此一开始就以"守内虚外"
作为国策，即把大部分精力放在笼络各
阶层、各民族的头面人物，以保持稳定
并扩大统治基础，防止叛乱和农民起义，
没有足够的决心来解除外患。鉴于南诏
反唐的教训，北宋对大理国心存戒备，
对其册封要求采取了一再推诿的态度，
直到宋徽宗政和五年（1115），女真族在
东北崛起，不断南侵，北宋面临巨大威
胁，才不得不改变对大理国的态度，正
式封大理段氏为云南节度使、上柱国、
大理王等，并开放边境与大理进行茶马
互市，大理国王段和誉（又名段正严）
遣使到北宋京都进贡特产，贡品包括马
380匹，以及麝香、牛黄、细毡、碧山
（玉石制品）等。

从此，宋朝与大理一直保持友好关
系，直到1253年大理国被蒙古军队灭亡。

>>>阅读指南
　　周玲主编：《云南地方史》。西南交
通大学出版社，2011年9月。
　　林齐模：《探寻大理古国》。华龄出
版社，2010年1月。

>>>寻踪觅迹
　　云南省博物馆　收藏有众多大理国
文物。

28. 壮族正式登上历史舞台

花山岩画
壮族先民的艺术杰作。主体形象为人身蛙形的蛙神形象，赭红色，两臂弯肘上举，半下蹲成骑马式，犹如蛙泳之状，整个画面呈欢歌狂舞之态。

隋唐时称为俚、僚，他们在漫长的历史中曾创造过光辉灿烂的文明。考古发现，距今约一万年前新石器时代的桂林甑（zèng）皮岩人是中国最早制造陶器和驯养家猪的古人类之一。壮族先民适应华南和珠江流域的自然地理环境和气候特点，在九千多年前就把野生稻驯化为栽培稻，是创造稻作文明的民族之一。南宋初年，广西地区就已经有吃不完的稻米，并运往广州等地出售。

南宋初年，汝南人（今河南汝南县）曹成在今江西至湖南一带聚合十余万人起兵反宋，南宋命名将岳飞前往讨伐。岳飞劳师袭远，而曹成是以逸待劳，交战初始，岳飞被击败，损失惨重，岳飞的弟弟阵亡。后来，岳飞以朝廷的名义调用广西当地的"撞军"充当前锋，才迫使曹成投降，为宋朝统治者消除了一个心腹之患。据专家研究，"撞军"就是壮族先民的武装，也是最早出现的壮族族称。宋人还把"庆远、南丹溪洞之民呼为僮"。"撞"、"僮"都是壮族自称的汉文记音。

壮族是岭南地区的土著民族。壮族先民秦汉时称为西瓯、骆越、乌浒人，

"长安回望绣成堆，山顶千门次第开。一骑红尘妃子笑，无人知是荔枝

>>>阅读指南

陈梧生、李俊康主编：《八桂文化大观·溯源系列》。广西人民出版社，2009年8月。

《壮族简史》。民族出版社，2008年7月。

大雷纹三角形带纹铜鼓
战国。广西田东县出土。

来。"唐朝诗人杜牧这首《过华清宫》可谓家喻户晓，它说的是唐玄宗因杨贵妃要吃岭南的荔枝，不惜劳民伤财，设专送荔枝的驿站，派专人接力传递，日夜兼程往京城运送新鲜荔枝的事。名果龙眼和荔枝的原产地之一就在壮族地区。宋代苏东坡曾感叹："日啖荔枝三百颗，不辞长作岭南人。"

壮族先民的生产工具也别具一格。在今广西南宁附近，出土了一万年前的原始石磨盘、石杵、石磨棒等稻谷脱壳工具。他们制造的大石铲独具匠心：长舌形，束腰，边沿加工精细圆润，束把处有边牙，以便绑牢，既是生产工具，也是一种艺术品，祭祀稻作神灵时又是神器。他们铸造的靴形钺、扇面钺、风字形钺、铲形钺、圆头形钺等，形状多变，精巧实用。

壮族先民的青铜技艺有很高的水平，他们制造的灵山型、冷水冲型、晋宁型铜鼓，高大厚重，设计奇巧，工艺精湛，花纹繁缛，代表了铜鼓制造技艺的最高水平。鼓面上的青蛙立雕，鼓身上的稻穗纹，正是稻作文化的一种特别标记。鼓面上的太阳纹说明他们懂得分割圆法，这被认为是两千多年前一个民族最高科学水平的标志。今天在壮族地区的绝大多数县份已出土不同时期的铜鼓，数量之多，品类之全，资料之丰富，为世人瞩目。

壮族地区河道纵横，湖泊星罗棋布。为了适应水上生活，壮族先民制造了数量众多的船只，造船技术非常发达，在汉代就开辟了海上通道，开展海外贸易。现在的广西北海市就是"海上丝绸之路"的始发港之一。

宋代壮族族称的出现，表明中国人口最多的少数民族正式登台亮相。

>>>寻踪觅迹

花山岩画　位于广西崇左、宁明、龙州和扶绥等县境内的左江及其支流明江沿岸，绵延二百多千米。

龙脊梯田　位于广西龙胜县和平乡龙脊村和平安村之间，分为平安壮族梯田和金坑红瑶梯田，分别代表壮族文化和瑶族文化，规模宏大，磅礴壮观。始建于元朝，完工于清初，距今已有六七百年历史。

29. "生黎"与"熟黎"

海南岛位于祖国浩渺的南海上,澄清透明的海水、平坦柔软的沙滩、树影婆娑的椰林,组成一幅旖旎的热带风景画。

黎族是海南岛上最古老的土著民族,由于远离大陆,他们原来与其他民族交往较少。到了宋代,迁入海南岛的汉族日渐众多,随着与汉族共同生活和频繁接触,黎族开始分化为"熟黎"和"生黎"两部分。"熟黎"居住在沿海平原地区,与汉族相邻,受汉文化影响较多,社会经济文化比较进步,与汉族老百姓一样归州县官府直接管理,交纳赋税,承担徭役。那些分布在五指山区腹心地带、交通不便、不受州县官府直接管理的黎族被称为"生黎"。官府通过任命当地有威望的头人来管理生黎,实行间接统治。生黎不用交纳赋役,只要定期向朝廷进贡一些土特产就可以了。

黎人住的地方叫峒,他们的首领就叫峒首或峒官。峒首原来是区域的自然领袖,宋朝时已变成父传子、子传孙、兄传弟、夫传妻、母传女的世袭制。峒首平时与峒民一样参加生产劳动,并根据习惯法排解峒民间的纠纷,处理峒内事务;对外代表峒民与外峒进行交涉;发生武装冲突或战争时,峒首就率领峒丁砍石歃(shà)血,发誓同生共死,而后参加战斗。宋朝任命生黎峒首为地方

穿着传统服饰参加黎族织锦比赛

琼黎风俗图（局部）

传为明人邓廷宣绘，是黎族现存最早的生活画。海南省博物馆藏。

官管辖自己的部众，每年发给俸禄，峒首的子孙也可以世袭官爵，并通过大峒首管辖小峒首，让他们成为王朝的藩篱，这种民族政策叫作"羁縻黎峒"。

宋朝曾有一位女峒首黄氏，三代受封，传为佳话。北宋皇祐（yòu）至熙宁年间（1049~1077），琼州黎人女峒首黄氏归附宋朝，宋朝委任她管理三十六峒生黎。南宋绍兴二十年（1150），琼州人许益叛乱，胁迫生黎加入他的队伍，黄氏亲自到各峒劝谕，使许益的阴谋没能得逞，宋朝封黄氏为生黎三十六峒统领和"宜人"称号，以此表彰她的劝谕之功。黄氏死后，她的女儿王二娘世袭为宜人。王宜人把部众管理得井井有条，她死后，女儿吴氏又继承宋朝的封号，继续统领生黎三十六峒。

南宋淳熙元年（1174），五指山生黎峒首王仲期等率八十峒黎人接受官府直接统治。这表明随着黎族与汉族、官府交往的深入，民族之间进一步互相了解，民族隔阂逐步消除，黎族对中央王朝越来越认同。

其实，汉族文人和官府不仅把黎族分为"生""熟"两部分，对女真族、壮族、苗族、瑶族等许多少数民族都进行过"生""熟"之分，这主要是由于民族隔阂造成的，随着民族交往的增多，这种称呼就慢慢消失了。

>>>阅读指南

《黎族社会历史调查》。民族出版社，2009年6月。

陈振：《宋史》。上海人民出版社，2003年4月。

>>>寻踪觅迹

海南三亚文门村　是一个古老的黎族村庄，村史已逾千年，有天涯驿道、惊天石等遗迹。

30. 苏轼与海南黎族的情谊

黎族传统民居

"九死南荒吾不恨，兹游奇绝冠平生。"这是宋代大文豪苏轼赞美海南岛的诗句，意思是说，海南风光是他平生所见最美的，他即使死在这里也不后悔。

北宋绍圣四年（1097），已经被一贬再贬的苏轼，在62岁这年被贬到了更为偏远的儋（dān）州（今海南儋州市），而对海南老百姓来说，这却是幸运的开始。

黎族树皮帽

当时的海南非常落后，但热情的黎族人民并没有因为苏轼是被朝廷贬谪之人而落井下石，而是主动为他在桄榔（一种常绿乔木）树下建屋，于是有了后来著名的桄榔园。苏轼也对黎族人民有了好感。他对一些汉族官吏欺压黎民非

黎族牛皮鼓

黎族树皮鼓

"披云见天眼，回首失海潦。蛮唱与黎歌，余音犹杳杳。"黎族人民以大海般的情怀，抚平了诗人破碎的心。谪居儋州的三年，苏轼的创作热情得到了空前激发，他在此留下二百多篇诗文，结为著名的《海外集》。三年的共同生活，苏轼与黎族人民产生了深厚的感情，当他离开时，不禁发出"他年谁作舆地志，海南万里真吾乡"的感慨。

苏轼开海南文化教育之风，谱写了一曲民族友谊之歌。今天，海南人民依然铭记他的业绩，儋州东坡书院悬挂的那副楹联表达了海南人民的这种心声：

灵秀毓峨眉，综观历代缙 (jìn) 绅，韩富以来如公有几；

文明开儋耳，遥想三年笠屐，符黎而后名士滋多。

常愤慨。在《和劝农六首》诗中，苏轼指出："咨尔汉黎，均是一民。鄙夷不训，夫岂其真。怨忿劫质，寻戈相因。欺谩莫诉，曲自我人。"意思是说，汉族和黎族是一家人，官府轻视黎民，忽视对黎族的教育，造成他们拿起武器互相残杀。黎族同胞受侮辱遭谩骂，无处申诉，理曲在汉人。苏轼是历史上第一个为黎族同胞伸张正义、主张民族平等的汉族人。

看到当时海南的文化教育十分落后，苏轼极力劝说当地官员开辟教育基地，建立讲学场所。他还自编讲义，教授黎族和汉族子弟。经过三年的努力，当地好学蔚然成风，到处"书声琅琅、弦歌四起"，并开始有人考中科举。北宋大观三年（1109），海南岛有了第一个进士。昔日被中原视为"化外之地"的海南，儒家思想得到了迅速传播。

苏轼写下诗句热情赞美黎族文化：

>>>阅读指南

朱玉书：《苏东坡在海南岛》。广东人民出版社，2006 年 1 月。

康震：《康震评说苏东坡》。中华书局，2008 年 1 月。

>>>寻踪觅迹

东坡书院 位于海南儋州市中和镇，始建于北宋元符元年（1098），为苏东坡被贬儋州时居住、讲学的场所，也是古儋州府所在地。

31. 招降纳顺　安边靖远

番王礼佛图（局部）

北宋赵光辅作。描绘了中国周边少数民族酋长、番王朝拜佛祖的情景。美国克里夫兰艺术博物馆藏。

北宋建隆三年（962）夏天，宋太祖赵匡胤任命吴廷祚为雄武军节度使，赴秦州（今甘肃天水市）上任。秦州是北宋与西夏接壤的地区，有大片原始森林，盛产优质木材。在吴廷祚上任前，秦州知州高昉（fǎng）已经设置木材采造机构，为此常常发生本地土人、西夏兵民与北宋士兵抢夺木材的事件，高昉抓捕了当地少数民族酋长尚波于，造成宋军与当地少数民族关系紧张。吴廷祚将这一情况报告给了赵匡胤。当时北宋北方有契丹，西北面临西夏的威胁，赵匡胤觉得对其他少数民族要尽量给予安抚和笼络，不能再树敌了。于是，吴廷祚不但释放了尚波于，还赠送了大量财物，

尚波于深受感动，产生了归附北宋的愿望。这年秋天，尚波于献出伏羌地（今甘肃甘谷县）归附北宋，在他的影响下，附近的其他少数民族也全都归附了北宋。

看到安抚政策效果良好，北宋就进一步完善政策并扩大实施范围。除了给财物外，还根据归顺的少数民族部族大小分别给他们的首领封官授爵，赏赐俸禄、汉族姓名甚至皇帝的姓氏。宋神宗时，秦州吐蕃首领俞龙坷率领部属12万多人归顺宋朝，被授为西头供奉官。俞龙坷崇拜宋朝名臣包拯，请求朝廷赐姓名为包顺，赐

>>>阅读指南

杨文：《北宋经略河湟吐蕃民族政策研究》。中国文史出版社，2013年5月。

李昌宪：《中国行政区划通史·宋西夏卷》。复旦大学出版社，2007年8月。

曹延禄姬（中）供养像

甘肃敦煌榆林石窟五代壁画。曹延禄是北宋沙州（今敦煌）地方政权的统治者，北宋封其为沙州刺史、归义军节度使、谯郡开国公等。沙州和于阗关系密切，于阗王李圣天娶曹氏女为后，同时也把女儿嫁给曹氏，她就是曹延禄姬。

于阗国王供养像

甘肃敦煌莫高窟第98窟五代壁画。五代、宋初于阗国王是李圣天，本名尉迟僧乌波，他"自称唐之宗属"，并以唐朝国姓"李"为姓。宋初，李圣天多次遣使到宋朝进贡。于阗国始终不渝坚持与中原王朝保持臣属关系，直到11世纪初被黑汗王朝攻占。

他的哥哥叫包约，宋神宗满足了他们的要求。宋神宗还赐河州（今甘肃临夏市）吐蕃首领木征姓名为赵思忠。元符三年（1100），宋哲宗授予聚居在青海湖周边地区的青唐羌首领隆赞为河西军节度使，赐姓名为赵怀德。于是，西北越来越多的少数民族首领带领部众归顺北宋。

有的少数民族仰慕汉族文化，除了请求朝廷赐给汉族姓氏外，更多的是自己改成汉族姓名，并且出现了学习汉语的热潮。这甚至还引起了宋朝一些保守大臣的忧虑，他们认为少数民族私改汉族姓氏，造成汉族和少数民族难以区分，因此要求朝廷下诏禁止，但宋朝皇帝并没有这样做，从而使民族交流、融合得以进一步发展。

>>>寻踪觅迹

甘肃天水麦积山石窟 中国四大石窟之一。始凿于南北朝时期的后秦，历经北魏、西魏、北周、隋、唐、五代、宋、元、明、清各代不断开凿和修缮，现存洞窟近二百个，石雕造像七千多尊，壁画一千多平方米，风格各异，精美绝伦。

32. 尊重传统 因俗而治

宋承袭唐制，对西南少数民族地区实行羁縻统治。宋朝的县是按照户口的多少划分等级的：4000 户以上为望县，3000 户以上为紧县，2000 户以上为上县，1000 户以上为中县，500 户以上为中下县，不足 500 户为下县。但是，在许多少数民族聚居地，特别是今湘西、鄂西、四川、贵州、广西一带，宋朝设置的羁縻州、县、峒，是根据各个少数民族首领的统治范围来划定的，地域大小、人口多少没有统一标准，总体上规模都比较小，甚至有不足百户居民的。这样，宋朝的羁縻州、县数量就相当多，仅广南西路（今广西、雷州半岛、海南）就有 263 个羁縻州。

宋朝对少数民族采取"因俗而治"、"不可尽以中国者法绳治"的政策，仍允许少数民族地区保持原有的社会制度和文化形态，按照地方习惯法处理其内部事务。富州（今湘西）有一个叫向万通的人，杀死了

宋代鹭鸟纹蜡染褶裙
贵州平坝县棺材洞出土，西南少数民族服饰。装饰工艺复杂，集彩色蜡染、刺绣、挑花等技艺于一体，是探索彩色蜡染发展的珍贵资料。贵州省博物馆藏。

石刻顶棺人
贵州遵义南宋田通庵夫妇墓出土，贵州省博物馆藏。

皮师胜父子七人，并砍下头颅、剖腹取出五脏来祭祀鬼神，按照朝廷律法，杀人是要偿命的。可是，当地方官员上奏

贵州遵义播州安抚使杨粲夫妇墓石刻

杨氏统治播州长达755年，是西南地区著名的大土司。

请示如何处理时，朝廷却答复说不要过问，因为杀人祭祀鬼神是偏远少数民族的习俗。

宋朝羁縻州、县、峒的行政长官由少数民族首领担任，他们没有固定的任职期限，没有薪水，一般都是终身制，而且是世袭的。他们在自己管理的势力范围内享有很大的自治权，即使犯了法，朝廷也会给予照顾和变通。比如，宋朝实行严厉的"铜禁"政策，宋仁宗曾规定，走私一贯以上的铜钱就可以处死为首者，擅自销熔铜钱也处以死刑，但他却批准西南一些少数民族铸造铜鼓，用以祭祀等活动。

宋朝对少数民族地区的赋税同样采取区别对待的政策，其赋税负担一般较汉族地区轻，大体可分为三类：居住在偏僻深山之中的少数民族不服劳役，不交赋税；邻近内地的少数民族每年要交纳一定的赋税，但免征田赋；与汉族杂居、生产水平和生活习惯与汉族大抵相同的少数民族，和汉族民众交纳同样的赋税。宋朝要求少数民族首领必须定期进贡土特产品，这主要是作为政治上臣服和接受中央王朝统治的表现，朝廷往往给予比进贡物品价值大得多的回赐作为笼络。对于那些"不听话"的少数民族首领，朝廷往往停止他们的进贡资格，直到他们"改正"为止。

宋朝的羁縻政策承前启后，有利于维护少数民族地区的社会稳定和民族关系的改善。

>>>阅读指南

刘复生：《西南史地与民族——以宋代为重心的考察》。巴蜀书社，2011年12月。

龚荫：《中国民族政策史》。四川人民出版社，2006年6月。

>>>寻踪觅迹

海龙囤遗址 位于贵州遵义市北郊的龙岩山东麓，是集军事屯堡、衙署与行宫为一体的土司遗存。始建于1257年，由南宋朝廷与播州（今遵义）土司杨氏共同营建。

33. 从清新绮丽到悲壮慷慨的宋词

李清照小像（局部）

清朝姜埙作。江苏无锡市博物馆藏。

寻寻觅觅，冷冷清清，凄凄惨惨戚戚。乍暖还寒时候，最难将息。三杯两盏淡酒，怎敌他、晚来风急！雁过也，正伤心，却是旧时相识。

满地黄花堆积，憔悴损，如今有谁堪摘？守著窗儿，独自怎生得黑！梧桐更兼细雨，到黄昏、点点滴滴。这次第，怎一个愁字了得！

宋朝著名的女词人李清照的这首《声声慢》，那哀婉的凄苦情，不知感动过多少人！

"诗言志，词言情"是后世对唐诗和宋词这两大不同的文学体裁特点的一个总的概括。

词始于唐，定型于五代，盛于宋。词是诗歌的一种，因是合乐的歌词，故又称曲子词、乐府、乐章、长短句、诗余、琴趣等。宋代之后，长短句就是词的别名。每首词都有一个曲调名，叫作"词牌"。

词是一种音乐文学，它的产生、发展，以及创作、流传都与音乐有直接关系。词所配合的音乐叫燕乐，是北周和隋以来由西域传入的胡乐与中原传统音乐逐渐融合形成的一种新型音乐，主要用于娱乐和宴会时演奏。词在演唱和发挥

>>>阅读指南

周笃文：《宋词》。上海古籍出版社，2011年12月。

王曙：《宋词的故事》。远方出版社，2010年5月。

行书去国帖

目前仅见的辛弃疾书法作品。故宫博物院藏。

宋词形式大多婉丽柔美，含蓄蕴藉，情景交融，声调和谐，光景流连、伤春悲秋、离愁别绪、风花雪月、男欢女爱等内容占有相当大的比重，这种风格被后人称为婉约派，是宋词最主要的流派。

宋代民族矛盾突出，前期是北宋、辽、西夏三足鼎立，后期是南宋、金、西夏三分天下，汉族建立的宋朝与各少数民族政权围绕着争夺州县、扩大版图，以及获取财富和维护政权的统治，时而战争，时而议和，从而构成了这一时期民族关系的主旋律。宋朝自始至终总是处于被动挨打的地位，因此，反映民族矛盾、抒发爱国情怀、忧国忧民就成为了宋词尤其是北宋末年和南宋时期词的重要主题。

娱乐功能的过程中，逐渐占据了稳固地位，终于在诗之外独树一帜。到了宋代，词的创作空前繁荣，产生了大批才华横溢的词人，名篇佳作层出不穷。流传到今天的宋词主要收录在《全宋词》中，有将近两万首，有名可考的作者达1300多人。

宋词也有气势恢弘、不拘格律、汪洋恣肆、崇尚直率的豪放派，其代表人物是苏轼和辛弃疾。当金军南侵，国家危在旦夕时，豪放派逐渐成为宋词的主流。文人武将们将个人的命运与国家民族的命运紧密结合，以词呼吁人们奋起

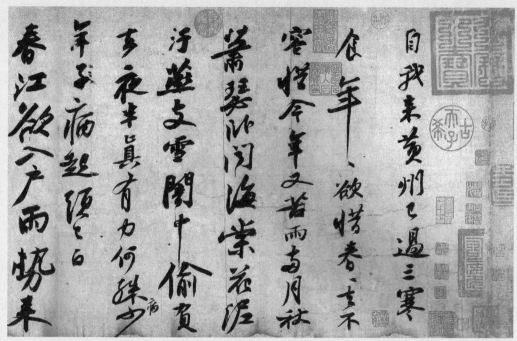

黄州寒食诗帖（局部）
苏轼行书代表作。台北"故宫"藏。

保家卫国，唱出了慷慨悲壮之声。

怒发冲冠，凭阑处、潇潇雨歇。抬望眼，仰天长啸，壮怀激烈。三十功名尘与土，八千里路云和月。莫等闲、白了少年头，空悲切。

靖康耻，犹未雪。臣子恨，何时灭！驾长车，踏破贺兰山缺。壮志饥餐胡虏肉，笑谈渴饮匈奴血。待从头收拾旧山河，朝天阙。

抗金名将岳飞的这曲《满江红》，壮志凌云，气壮山河，千百年来一直激励着人们的爱国精神。

宋词以姹紫嫣红、千姿百态的神韵，成为中华文明灿烂长卷中最为绚丽的华章之一，后世将其与唐诗并称为"双绝"。

>>>寻踪觅迹

李清照纪念馆 宋代女词人李清照被誉为"词国皇后"，曾"词压江南，文盖塞北"。自明朝以来，中国出现了四处李清照纪念馆和多处藕神祠，其中规模最大、品位最高的当属坐落在词人故里山东章丘市明水镇百脉泉畔的清照园。

辛弃疾纪念馆 位于辛弃疾故里山东济南市历城区遥墙镇四风闸村。豪放派词人辛弃疾号稼轩，集文豪和武将于一身，他的词风格独特，被称为"稼轩体"。

34. 程朱理学——中国古代理论思维新高度

北宋有一个叫杨时的人，从小就聪明伶俐，4岁入村学，7岁能写诗，8岁能作赋，15岁开始攻读经史，人称神童。杨时曾就学于著名学者程颢（hào）门下，被程颢视为得意门生。考取进士后，杨时依然不骄不躁，谦虚好学。40岁那年，杨时又拜同样著名的程颢弟弟程颐（yí）为师。有一天，杨时与学友游酢（zuò）顶风冒雪去程颐家请教学问，他们到达时，适逢程颐正在厅堂上打瞌睡，两个人没有惊动先生，而是恭恭敬敬地静立门外等候。待程颐一觉醒来时，两个人在雪中几乎要被冻僵了。"程门立雪"从此成为千古佳话，专门用来比喻和赞扬那些求学心切、尊敬师长的学子。

程颢、程颐兄弟是北宋理学的奠基者，世称"二程"。他们受学于北宋理学创始人周敦颐，并大大发展了理学，经过他们的弟子杨时，再传罗从彦，三传李侗的传承，到南宋朱熹时进一步丰富、发展成为程朱理学，建立了一个完整而精致的客观唯心主义思想体系，使中国古代理论思维达到了一个新的高度。

程朱理学以"理"或"道"作为全部学说的基础，认为"理"是先于万物的"天理"，"万物皆只是一个天理"，"万事皆出于理"，"有理则有气"。社会

安徽歙（shè）县棠樾（yuè）牌坊群
七座牌坊按照"忠、孝、节、义"的顺序排列，是古徽州传统程朱理学思想的典型反映。

贞节牌坊

是古代为了表彰一些死了丈夫不改嫁，或为丈夫自杀殉葬，或事迹奇异的女性而兴建的。理学兴起后，大力倡导妇女的贞节观、节孝观，贞节牌坊甚至成为束缚广大妇女的精神桎梏，受到后世的批判。

秩序为天理所定，遵循它便合天理，否则就是逆天理。

程朱理学认为人性本善，"性即理也"，但由于禀气不同，人性就有了善恶之分，而浊气和恶性，其实都是人欲。人欲蒙蔽了本心，便会损害天理。"无人欲即皆天理"，因此要"存天理、灭人欲"。要明理欲、义利之辨，就必须注重心性和道德修养，主要方法就是"格物"和"致知"。"格物"就是要穷究事物的道理，但格物穷理的终极目的不是求得具体事物的知识，而是要通过"今日格一物，明日格一物"的积久用力，达到"一旦豁然贯通"，即对天理的全面认识。

经过五代十国之乱，宋朝国家重归一统，重建伦理纲常成为巩固统治的实际需要，程朱理学把封建道德原则和封建等级制度上升到"天理"的高度，尤其强调"三纲五常"，即君为臣纲、父为子纲、夫为妻纲和仁、义、礼、智、信，要求人们安分、守命，规范自己的行为。因此，程朱理学在南宋后期开始为统治阶级接受和推崇，并经元朝到明清时代的发展，正式成为国家的统治思想，对中国各民族都产生了重要影响。

程朱理学的思辨哲学无疑是人类思想的一大进步，对中国封建社会的发展起到过积极作用，但它强化封建礼教，维护宗法制度，诸如反对妇女改嫁，宣称"饿死事极小，失节事极大"等，流毒颇深，让后世为肃清其消极影响颇费心力。

>>>阅读指南

吴建设：《河洛大儒——程颢程颐传》。文心出版社，2010年6月。

张立文：《朱熹评传》。长春出版社，2008年1月。

>>>寻踪觅迹

程颢、程颐纪念地　一是湖北武汉市黄陂区的二程故里，二程兄弟在此出生并生活了十五六年，留下多处遗迹；二是河南伊川县，有二程及其父的墓园——程园和程门立雪故事发生地——伊皋书院等相关古迹。

朱熹纪念地　福建武夷山市、江西婺源县均有朱熹纪念馆；朱熹曾经讲学的地方很多，著名的有江西庐山白鹿洞书院、湖南长沙岳麓书院、浙江金华五峰书院及缙云独峰书院等。

35. 宋代官窑瓷器——中国瓷器艺术的高峰

　　八百多年前的某一天，一艘漂亮的巨型木船满载着精美的瓷器等宝物，从中国东南沿海出发，沿着海上丝绸之路驶向太平洋。商贩们正美滋滋地盘算和期待着这次远航又将赚得盆满钵满、腰缠万贯时，不料天有不测风云，当船行驶到今天广东阳江市一带的海域时，灾难发生了，整条船连人带物葬身大海。1987年，人们发现了这艘沉船，并将其命名为"南海一号"。2007年底，这艘宋代"宝船"被整体打捞出水，船上数量庞大的宋代陶瓷，让收藏界、考古界兴奋不已，有的专家惊叹：搞了一辈子的瓷器研究，从未见过如此多的瓷类珍宝，很多连听都没听说过！"南海一号"不仅向世人展现了宋瓷的精美，也引发了人们对宋瓷的强烈关注。

　　宋代是中国瓷器发展的一个鼎盛时期，宋瓷以其器形优雅、釉色纯净、图案清秀，在中国陶瓷史上独树一帜。无论是质量还是品种，宋瓷都是中国瓷器的顶尖代表。宋代瓷器出现了定窑、钧窑、官窑、哥窑、汝窑五大名窑，其中最为著名的是官窑。官窑是专为皇家单独烧制瓷器的，产品严格按照宫廷的设计进行生产，工艺上精益求精，不惜工

南宋官窑八卦纹熏炉盖
浙江杭州南宋官窑博物馆藏。

故宫博物院藏宋代钧窑天蓝釉带托碗
钧窑在今河南禹州市，建有专题博物馆。

故宫博物院藏哥窑青釉碗

故宫博物院藏定窑白釉碗

本，配方都是保密的，其质料、颜色、装饰等方面的神奇造诣，在中国瓷业史上可谓登峰造极。

宋瓷的许多工艺后来都失传了，元、明、清各代帝王虽然极力仿制，但均未有超越宋朝官窑的佳品。

宋朝的官窑原来在汴京（今河南开封），南宋定都临安（今浙江杭州）后，在新都城附近另建新的官窑，瓷器工匠也纷纷南迁，促进了南方瓷器制作水平的提高。宋代瓷器虽然产量很大，但是现今国内的存世量却非常稀少，主要原因是当时外销较多，出口地遍及亚洲东部、南部、西部和非洲东海岸的大部分地区。此外，宋代不流行将瓷器作为随葬品，也导致出土文物较少。

宋瓷是中华民族珍贵的文化遗产，可以说，传世至今，每一件宋瓷几乎都价值连城。

>>>阅读指南

李辉柄：《宋代官窑瓷器》。中央编译出版社，2008年4月。

邓禾颖、方忆：《南宋陶瓷史》。上海古籍出版社，2013年3月。

>>>寻踪觅迹

南宋官窑博物馆 位于浙江杭州市复兴路闸口乌龟山西麓，是建立在南宋官窑遗址基础上的一座陶瓷专题博物馆。

广东海上丝绸之路博物馆 又称南海一号博物馆，位于广东阳江市海陵岛的"十里银滩"上，是以"南海一号"宋代古沉船保护、研究、出水文物展示等为主题的专题博物馆。

激
荡
融
合

宋金元时期雕砖杂剧俑
河南焦作市西冯封村出土，河南博物院、中国国家博物馆藏。

36. 蒙古族的崛起

元太祖成吉思汗画像

"鞑靼来，鞑靼去，赶得官家没处去。"这是金大定年间北方流传的民谣，反映了面对日渐强盛的蒙古人，女真族统治者的无奈之情。

"蒙古"是蒙古族的自称。唐代汉文史籍称之为"蒙兀室韦"，这是蒙古一词最早的汉文译名，当时蒙古族生活在额尔古纳河流域。辽金时期，蒙古族先民被统称为鞑靼，分成一百多个大大小小的部落，在北方大草原上过着游牧、射猎生活，其中蒙古部、塔塔儿部、克烈部、蔑儿乞部、尼伦部和乃蛮部相对富庶、强盛，尼伦部就是元太祖成吉思汗祖先的部落。

12世纪初，成吉思汗的曾祖统一尼伦各部成为部落首领，开始称汗。后来，新的部落联盟逐渐形成，"蒙古"成为各部落的统称，并吸收、融合了匈奴、突厥以及东胡语系的其他民族，发展成为一个新的民族。

蒙古族地区曾长期被契丹（辽）、女真（金）统治。为了控制蒙古族，契丹和女真统治者对蒙古族地区匮乏的盐、铁进行严格管理，限制蒙古人和中原的互市贸易，蒙古人即使用牲畜、马匹、毛皮也换不到中原的茶叶、绢帛、铁器等物品，这使得蒙古各部不得不铤而走险，经常南下抢劫。女真族统治者为了防止蒙古各部的侵扰，采取以夷治夷的策略，以提供丰富的物质资源为代价，扶持一些蒙古部落，去打击另外一些蒙

>>>阅读指南

孙钥洋：《蒙古帝国空前绝后四百年1·成吉思汗崛起大漠》。重庆出版社，2012年11月。

包丽英：《蒙古帝国》。长江文艺出版社，2013年6月。

玉尊

底部刻有成吉思汗的名讳"铁木真"，口内沿是回鹘蒙古文，这是目前考古发现的世界上唯一一件带有成吉思汗名讳的圣物。内蒙古锡林浩特蒙元文化博物馆藏。

元银鎏金玉壶春瓶

瓶身刻有"法天启运"铭文。史料记载，元至大二年（1309），武宗皇帝曾经追封先祖成吉思汗为"法天启运圣武皇帝"。有专家认为这件银瓶可能是武宗祭祀成吉思汗时使用的圣物。内蒙古锡林浩特蒙元文化博物馆藏。

古部落。女真统治者的挑拨离间，加上蒙古族各部贫富分化加剧，使整个蒙古族社会动荡不已，部落之间混战不休。就在这时，中华民族的英雄铁木真出现了。

铁木真即成吉思汗，1162年出生在一个蒙古贵族家庭。那时候蒙古族以尼伦部和迭儿列斤部最为强大，其中尼伦部有近30个部落，迭儿列斤部有18个部落。铁木真的父亲是乞颜部的首领，他在铁木真9岁那年被塔塔儿部的人谋害。按照部落的习惯，父亲死后，应由长子（铁木真）继承汗位，但乞颜部是个不牢固的联合体，部落中的塔儿忽台和铁木真的亲叔叔答里台都在做称汗的美梦，他们赶走了铁木真家的全部牲畜，并遗弃了他一家。铁木真的母亲是一位坚强的人，她靠采集野菜和捕捉土拨鼠

养育五个孩子。

塔儿忽台担心铁木真将来会对他构成威胁，在铁木真13岁时的一天，化装成一个衣衫褴褛的牧民，鬼鬼祟祟地窜到铁木真的帐幕附近，企图杀死铁木真，以斩草除根，幸好被铁木真的母亲及时发现，他只得支支吾吾地走了。暗的不成，塔儿忽台就率领一百骑兵公开捕杀铁木真，铁木真东躲西藏，在好心人的帮助下才艰难地逃出。少年的磨难，使铁木真迅速成长为一个有胆识、有谋略的青年。

17岁那年，铁木真跨上战马，开始为蒙古草原的统一而战。他的才能和品行得到越来越多族人的信任和拥护。历经差不多30年的浴血奋战，铁木真指挥着总数不过20万人的骑兵，不仅结束了

内蒙古伊金霍洛旗成吉思汗陵苏勒德祭坛
"苏勒德"是蒙古语，即战旗、神矛，是成吉思汗的军徽。

蒙古各部四分五裂、战乱不止的历史，还横扫整个欧亚大陆，不仅饮马黄河、长江、珠江，而且吞饮阿姆河、印度河，最后蹄践多瑙河。

1206年十二月，蒙古各部首领在斡难河畔举行了隆重的"忽里勒台"（大会），建立大蒙古帝国。蒙古人以九为吉数，以白色为纯洁，所以会场上搭起九顶大帐，筑起九级坛台，竖起九脚白旄旗（即九根白色的族旗）。大会一致推举45岁的铁木真汗为全蒙古的可汗，尊称为"成吉思汗"。"成吉思"在蒙古语里是"大海"的意思，颂扬铁木真如海洋一样伟大。

从此，蒙古在成吉思汗的带领下不断发动征服、扩张战争。成吉思汗东征西战，驰骋战场40年，灭西辽、征花剌子模，一直攻到伏尔加河流域，上演了从一个草原部落到世界霸主的传奇故事，创造了世界军事史和战争史上东西方不败的神话。

成吉思汗的四个儿子和两个孙子延续了家族传统，不但同样英勇善战，还进一步扩张势力。"要让青草覆盖的地方都成为我们的牧马之地！"成吉思汗的这句豪言在他的孙子、蒙古帝国第四任大汗蒙哥汗时几乎变成了现实。蒙古军队先后征服了40多个国家、700多个民族（部落），建立东起朝鲜半岛，北抵贝加尔湖，西达今波兰，南至南海和波斯湾的大蒙古帝国。蒙古帝国横跨欧亚大陆，面积达3000多万平方千米，在人类历史上可谓空前绝后。

>>>寻踪觅迹

成吉思汗陵 位于内蒙古伊金霍洛旗境内，安奉的只是成吉思汗的衣冠和马鞍。成吉思汗1227年在征西夏时逝于军中，按照蒙古族传统密葬，其真正墓地至今不明。

37. 元朝建立及蒙古帝国的解体

1225年，成吉思汗按照蒙古族的传统分配了家产。蒙古人有重长轻庶的习俗，只有成吉思汗正妻所生的术赤、察合台、窝阔台、拖雷四个儿子才有继承父亲财产的资格，于是，成吉思汗授予他们每人一个王国。此外，成吉思汗还将一些土地及其属民分封给自己的兄弟铁木哥斡赤斤、拙赤合撒儿、按赤台、别里古台、阔列坚等，让他们在封地上建立"兀鲁思"（汗国）。这些汗国名义上都属于大蒙古国，但都有独立管理自己的军队、属民、贡税、牧地的权力。

元世祖出猎图（局部）
元朝刘贯道作。描绘元世祖忽必烈（中）于深秋初冬之时率随从出猎的情景。台北"故宫"藏。

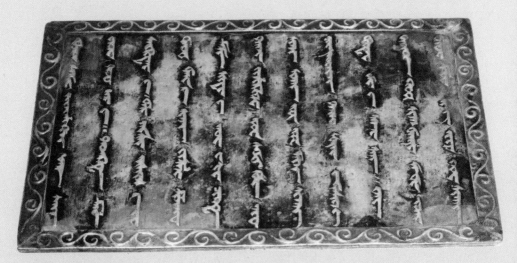

突厥体回鹘文银册书

蒙古汗国时期。用回鹘文錾刻书写，为世界孤品。内蒙古锡林浩特蒙元文化博物馆藏。

成吉思汗死后，蒙古各汗国之间在扩张和争夺中逐渐形成了几个比较大的汗国，主要有钦察汗国、察合台汗国、窝阔台汗国和伊利汗国。

钦察汗国原为成吉思汗长子术赤的封地，封地最初在额尔齐斯河以西、花剌子模以北，后来，术赤的次子拔都不断西征扩张，建立了东起额尔齐斯河，西到今匈牙利、波兰一带，南起巴尔喀什湖、里海、黑海，北到北极圈附近幅员非常辽阔的钦察汗国。由于拔都的大帐使用金顶，欧洲史书中把钦察汗国也称作金帐汗国。钦察汗国是当时东西方文化交流的重要纽带和商业贸易中心。钦察汗国是一个由多民族组成的庞杂联合体，其中作为征服民族的蒙古族人数甚少，后来蒙古人逐渐被周围大量的钦察、突厥蛮等突厥部族同化，到14世纪前叶，突厥语和突厥文成为汗国的通用语言和文字。15世纪中叶穆罕默德汗在位期间，从钦察汗国分裂出了喀山汗国和克里米亚汗国。1480年，莫斯科大公国伊万雷帝与钦察汗国阿合马汗决战，因克里米亚汗在后牵制，阿合马汗不战而退，俄罗斯族建立的莫斯科公国获得独立。在被蒙古人统治了两个世纪后，俄罗斯族建立国家，开始了独立发展的

>>>阅读指南

[法] 雷纳·格鲁塞著，龚钺译，翁独健注：《蒙古帝国史》。商务印书馆，2011年7月。

易强：《蒙古帝国》。上海人民出版社，2011年2月。

历程，为后来俄罗斯帝国的兴起奠定了基础。1502 年，钦察汗国的最后势力被术赤的另一个后代克里米亚汗孟雷吉雷彻底消灭。

察合台汗国原为成吉思汗次子察合台的封地，其辖地最初为西辽旧地，包括今中国新疆和中亚的吉尔吉斯斯坦、塔吉克斯坦、哈萨克斯坦、乌兹别克斯坦、土库曼斯坦五国部分地区，14 世纪中叶因内部斗争而陷于分裂。

窝阔台汗国原是成吉思汗三儿子窝阔台的封地，包括今阿尔泰山以南、以西，额尔齐斯河上游和巴尔喀什湖以东地区，后定都在叶密立（今新疆额敏县）。当初窝阔台汗国其实并没有国名，现在的名字是历史学家以第一代君主窝阔台的名字命名的。在内部争斗中，窝阔台汗国仅存在 84 年就解体了，后逐步被并入察合台汗国。

伊利汗国原为成吉思汗四儿子拖雷的封地，后来拖雷之子旭烈兀在西征过程中建立了汗国，其位置大约在今中亚南部至西亚一带，14 世纪末被帖木儿帝国所灭。

1227 年，成吉思汗在征西夏途中病逝，他生前就钦定窝阔台为蒙古帝国大汗的继承人。窝阔台在位期间，继续扩张领土，南下灭金朝，派侄儿拔都远征欧洲，成功征服今华北、中亚和东欧。窝阔台曾指定孙子失烈门为汗位继承人，但 1241 年他死后，皇妃脱烈哥那（乃马真皇后）改立自己的儿子（窝阔台长子）贵由为汗，并由自己摄政达五年之久，史称"乃马真摄政"。脱烈哥那摄政期间，结党营私，排除异己，任用一批不学无术的人，并且废弃了成吉思汗制定的法律，造成法度不一。各汗国不愿听命于她，各自为政，蒙古帝国濒于崩溃境地。

贵由仅执政三年就死了。在堂兄弟拔都提议下，

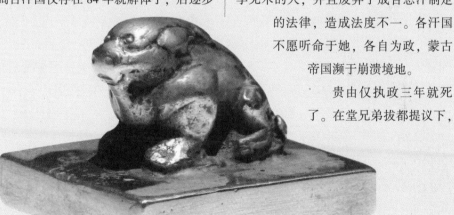

突厥体回鹘文兽纽金印
内蒙古锡林浩特蒙元文化博物馆藏。

成吉思汗圣旨金牌
河北省博物馆藏。

拖雷的儿子蒙哥夺得大汗之位。蒙古帝国汗位继承自此由窝阔台家族转移到了拖雷家族，皇族内部分裂。

由于担心窝阔台系的宗亲对自己构成威胁，蒙哥把贵由的遗孀等人处死或流放，让窝阔台的其他儿子瓜分窝阔台汗国的领地，使盛极一时的窝阔台汗国土崩瓦解。

汗位巩固后，蒙哥命四弟忽必烈征大理，五弟旭烈兀西征，七弟阿里不哥留守蒙古大本营，自己则亲率大军进攻南宋。1259 年，蒙哥在攻打合州（今重庆合川区）时死去，随后，他的两个弟弟忽必烈与阿里不哥爆发了残酷的汗位争夺战。经过四年的战争，忽必烈取胜。1260 年五月，在未获普遍承认的情况下，部分蒙古宗王和大臣拥立忽必烈为汗。

趁着忽必烈和阿里不哥内战，钦察汗国、察合台汗国、窝阔台汗国纷纷自立，西征的旭烈兀东返途中得到两个哥哥争位的消息，也不再东归，留在西亚建立了伊利汗国，自帝一方。横跨欧亚的蒙古帝国中央政权不复存在，从此宣告瓦解。

忽必烈称汗后，建年号"中统"，但没有立国名。直到建国十年后的至元八年（1271），他的统治地位已经巩固，才依据汉族文献《易经》中的"大哉乾元"之意，正式建国号为"大元"，史称元朝。

元朝最初的都城在开平府，即今内蒙古正蓝旗和多伦县一带，称为上都。1279 年灭南宋后，定都大都（今北京）。

元朝的疆域北到西伯利亚南部，越过了贝加尔湖，南到南海，西南包括今西藏、云南，西北至今新疆东部，东北至外兴安岭、鄂霍次克海、日本海，包括库页岛，总面积达 1400 万平方千米。

元朝结束了唐朝灭亡后国家长期分裂的局面，实现了多民族国家的空前统一，在中华民族历史上写下了光辉的一页。

>>>寻踪觅迹

　　元上都遗址　位于内蒙古正蓝旗，建于蒙古宪宗六年（1256），初名开平府。忽必烈在此即大汗位后，改称为上都，此后大部分时间是元朝的夏都。遗址上建有专题博物馆。

38. 南宋联蒙灭金重蹈北宋覆辙

常言道：吃一堑，长一智，聪明者不犯两次同样的错误。可是宋朝统治者却是好了伤疤忘了疼，在靖康之难100年后，蒙古在金的背后兴起，南宋竟然再一次通过结盟的方式，企图与蒙古共同灭金，收复失地。但是，双方结盟之后的40年间，南宋兵连祸结，终于在蒙古强大的军事打击下，走向灭亡。其实，南宋君臣并非不知唇亡齿寒的道理，与蒙古结盟灭金实际上是一种两害相权取其轻的无奈选择。

13世纪，蒙古铁骑横扫欧亚大陆，战无不胜。在蒙古军队的不断打击下，金完全丧失了今河北之地，金宣宗时被迫迁都今河南开封。到了金哀宗时，金军的主力已悉数被蒙古消灭，金的灭亡已成不可逆转之势。

南宋绍定四年（1231），蒙古为了攻金，强借宋境为道，攻占今四川地区，许多地方都遭到蒙古军队屠城，南宋军民伤亡巨大。南宋还被迫给蒙古军队供应粮食，并派向导引蒙古军队完成对金都汴京的战略包围。第二年，蒙古正式向南宋提出联合灭金。尽管当时南宋内部对此存在争议，但此时金已奄奄一息，

深秋联团扇
宋理宗赵昀书法。美国纽约大都会博物馆藏。

宋理宗最终同意了蒙古的要求。金哀宗派使者到南宋，企图劝说南宋与金联合抵御蒙古南下。金使者对宋理宗说："蒙古军队已经消灭了40个国家，最近又灭了西夏。如果金灭亡，就会危及宋朝，这就是唇亡齿寒的道理。你们和我们联合，表面看是为了我们，其实也是为了你们自己的安全。"这话有理有据，但为时已太晚。

绍定六年（1233）九月，蒙古军队围攻金蔡州（今河南汝南），打响了灭金的最后战役。南宋派兵两万人、送米1.5万吨到蔡州城下与蒙古军队会合，双方约定：宋军攻南，蒙古军队攻北，相互配合攻城，同时互不侵犯。蔡州之战相当惨烈，蒙古军队围城三个月，城中粮食用尽，城内军民竟以人骨和菜泥为食，金哀宗把最后200匹战马也宰杀给将士们食用，还是无法突出重围。南宋端平元年（1234）正月，走投无路的金哀宗把皇位传给元帅完颜宗麟，希望他能杀出蔡州以图恢复。就在完颜宗麟就职接受百官朝贺之时，宋军攻破蔡州南门，接着蒙古军队也从西城杀入，金哀宗自缢身亡，刚刚即位的完颜宗麟也被乱军所杀，立国120年的金朝被宋蒙联军所灭。

金灭亡后，蒙古军队主力暂时北撤，刚刚亲政一年的宋理宗以为这是光复中原的良机，便下令北伐。中原经过蒙古军队洗劫，早已满目疮痍，宋军一路所收复的地区包括汴京在内都几乎空无一

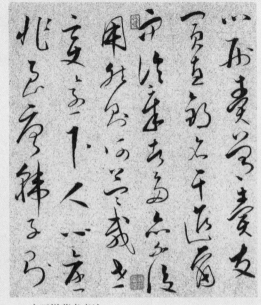

文天祥草书书法

人，北伐宋军得不到给养补充，很快就陷入困境。蒙古军队为阻止南宋北伐，居然掘开黄河大堤，水淹宋军，然后引诱宋军深入，趁机合围，北伐宋军大败。此后，虽然南宋军民多次英勇顽强地粉碎了蒙古军队南渡的企图，但蒙古军队很快改变了直接渡江攻打临安的策略。

南宋淳祐十二年（1252），忽必烈率10万大军从今甘肃出发，避开长江天堑，经今四川西部，长途奔袭位于今云南一带的大理国，并于1254年灭亡大理国，形成对南宋的军事大包围。1258年，蒙古大军兵分三路，中路由蒙古大汗蒙哥亲自率领，南下四川，直扑今重庆；南路从大理国出发，经今广西，直扑今长沙；北路由忽必烈率领，直扑鄂

>>>阅读指南

张金良：《大宋的人大宋的事·南宋卷》。陕西人民出版社，2009年1月。

苗书梅、葛金芳等：《南宋全史》。上海古籍出版社，2012年6月。

浙江宁波东钱湖南宋贵族陵墓武士和文官石刻

州（今武汉）。三路大军计划在鄂州会师，然后顺江东进，直取临安，发起灭亡南宋的总攻。途中，由于蒙哥战死，他的两个弟弟忽必烈和阿里不哥为争汗位打了起来，所有入侵南宋的蒙古军队全部撤退，南宋暂时解除了危机。

忽必烈夺取汗位后，随即就把消灭南宋作为头等大事。此时南宋军政日趋腐败，在蒙古军队的猛烈攻击下，1273年，历时六年的襄樊保卫战以南宋失败告终，南宋的门户被彻底打开，南宋政权的心理防线也完全崩溃。1274年，忽必烈下令20万蒙古军队从鄂州沿长江东下，一路上南宋将领或纷纷投降，或望风而逃，根本组织不起有效的抵抗。

1276年，蒙古兵临临安城下，南宋官僚将领只求自保，几乎没有军队保护皇帝，即位不到一年的南宋小皇帝恭帝投降。

此后，南宋一些军队余部坚持抵抗：大将李庭芝坚守扬州；陆秀夫、张世杰等人在福州拥立赵昰（shì）为端宗；文天祥在今江西一带发展反元势力，一度控制了不少城池。但他们终究不是元军的对手，一路败退，小皇帝端宗在途中去世，陆秀夫等人又立九岁的赵昺（bǐng）为帝。

1279年，元军与宋军在崖（yá）山（今广东新会南）展开最后决战。宋军不支，张世杰与陆秀夫撤退到海上，宋军船队随即被元军冲散，陆秀夫不愿被俘，含泪背着小皇帝跳海自杀，残余的宋军、官员及家眷也纷纷跳海殉国。据《宋史》记载，崖山海战七天后，十余万具尸体浮出海面，悲壮至极！至此，宋朝彻底灭亡。

>>>寻踪觅迹

宋少帝陵 南宋最后一位皇帝赵昺之陵，位于广东深圳市赤湾。

文天祥纪念地 南宋大臣文天祥抗元兵败被俘，英勇就义，各地有很多纪念他的人文景观。主要有：江西吉安文天祥墓、缅怀正气堂；广东海丰文方饭亭及表忠祠；北京东城区文丞相祠；浙江温州、广东深圳、江苏南通文天祥祠等。

39. 多民族组成的 "蒙古旋风"

1241年，在欧洲，一支军队一夜之间架通塞约河大桥，以迅雷不及掩耳之势歼灭了佩斯城的匈牙利军队，同年，在里格尼志大败包括波兰军队、日耳曼十字军和条顿骑士团组成的三万联军。这支神秘的军队就是蒙古军队。

在成吉思汗统一蒙古、开始向外扩张时，军队还不到13万人，当时蒙古人口也不过百万。成吉思汗及其继任者只用了70余年时间，就建立起横跨欧亚的蒙古大帝国，其中的关键就是有一支强大的军队。这支军队上马就战斗，下马就屯聚放牧进行生产。

蒙古军队的核心力量是 "怯薛军"（禁卫军）。不管是 "万户"、"千户" 等贵族的子弟，还是 "白身人"（平民）的子弟，只要有技能、身材壮，就能够选入怯薛军。从13世纪初开始，大批中亚细亚各族人、波斯人和阿拉伯人被迫跟随成吉思汗东迁来到中国，他们分别被编入 "回回军"、"西域亲军"、"哈剌鲁军"、"阿儿浑军"、"探马赤军" 中，参加东征西伐。怯薛军的领导层 "那可儿" 更是不问出身贵贱，不分部落和民族，不计宗教信仰，甚至有来自敌方或原来是敌人的成员。成吉思汗曾先后从敌营拣来四个儿童，交由母亲抚养，并认为义弟，他们都成为忠实的那可儿。

蒙古军队的主体是探马赤军，其士兵最初主要来自蒙古族各部，尤以札剌

"大德二年" 铜火铳

元大德二年即1298年，这是迄今世界上发现的最早火炮。内蒙古锡林浩特蒙元文化博物馆藏。

元代铜鎏金錾花木马鞍
内蒙古锡林浩特蒙元文化博物馆藏。

蒙古军队威震四方、所向无敌的另一个重要原因就是任命其他民族的将领为"扯儿必",协助统帅出谋划策,指挥军队。这是世界上最早的总参谋部,这个参谋部里有汉人、契丹人、畏兀儿人、阿拉伯人等。各民族的聪明才智产生了"蒙古旋风",它在横扫欧亚的同时,也促进了民族交流与合作。

左卫阿速亲军百户印
左卫阿速亲军为元代左、右两侍卫亲军之一。
辽宁省博物馆藏。

儿、弘吉剌、兀鲁、忙兀、亦乞烈思五部为主。随着被征服民族的增多,汉、契丹等其他民族的成员也加入探马赤军。蒙古军队还以"签军"(签发的军士)形式,胁迫被征服的民族加入,使队伍迅速扩大。

>>>阅读指南
　　[苏联] 瓦西里·扬著,陈弘法译:《蒙古帝国西征》。中国书店出版社,2012年2月。
　　《蒙古秘史》(彩图版)。中央编译出版社,2011年10月。

>>>寻踪觅迹
　　内蒙古锡林浩特蒙元文化博物馆　收藏有众多蒙元时期的重要文物。

40. "我跨革囊"征大理

1253年的一天，忽必烈率领蒙古大军来到了大渡河边。当年赵匡胤"宋挥玉斧"，以大渡河为界与大理国分而治之，弹指一挥间，将近三百年过去了，又一代豪杰挥师来到这里，他会不会也到此为止呢？

恰恰相反，南征北战的忽必烈站在大渡河边，面对滔滔江水，心情非常激动。在众将的簇拥下，他登上山坡，面对将士们发表演说："成吉思汗的子孙们！二百多年前，宋朝的开国皇帝赵匡胤开拓疆土，曾经打到现在这个地方，但是他却不敢渡过河去。为什么？因为这河水太湍急，对面的地势太险要，条件太艰苦了！这位雄才大略的皇帝害怕了，退缩了！他挥了挥手中的玉斧，无奈地说，大宋的疆域就到这里吧！他留下了'宋挥玉斧'的笑柄！今天，我们要渡河到对岸去！我要把'宋挥玉斧'改为'我跨革囊'！"蒙古将士没有造船技术，可是波涛汹涌的大渡河

铁火盆及铁烤架
蒙古人烤制肉食的用具。内蒙古乌兰察布市出土，内蒙古博物院藏。

陕西历史博物馆藏元朝骑马俑

陕西历史博物馆藏元朝武士俑

没能阻挡他们。他们把一张张羊皮吹成气囊绑在竹筏上，浩浩荡荡渡过了天堑之险，杀向大理城。

当年十二月，忽必烈攻下大理，大理国君主段兴智弃城而逃，王公士民四散逃亡。忽必烈采取安抚政策，凡是主动臣服的，给予赏赐。不久，老百姓都回到家，各安其业，大理城和附近地区很快稳定了下来。

1254年春天，蒙古军队俘虏了逃跑的段兴智，宣告大理国灭亡。大理国段氏贵族受到了蒙古人的重用，被任命为世袭总管，继续统治原大理地区。元朝建立后，在大理设立云南行省，从此云南作为行政省被永远纳入中国版图。

>>>阅读指南

陈高华：《陈高华说元朝》。上海科学技术文献出版社，2009年1月。

绿凝：《称雄亚欧——元世祖忽必烈》。西苑出版社，2010年1月。

>>>寻踪觅迹

云南通海县兴蒙乡　云南蒙古族聚居地。他们是南宋末年随忽必烈南征大理并屯驻、落籍于此的蒙古族官兵的后裔。700多年的繁衍生息和沧桑变化，他们由马背民族变成了农耕民族，形成了与北方蒙古族和相邻民族既相联系又有区别的独特文化习俗，当地还有许多元代古迹。

41. 忽必烈取胜的秘诀

金令牌

蒙古汗国时期。正面有 24 个篆体汉字："以长生天之力，大朝皇帝旨谕，持此牌便宜行事，以为圣裁之。"有专家考证认为此牌是成吉思汗西征时命大将木华黎经略中原时所赐。内蒙古锡林浩特蒙元文化博物馆藏。

>>>阅读指南

[日] 杉山正明著，周俊宇译：《忽必烈的挑战——蒙古帝国与世界历史的大转向》。社会科学文献出版社，2013 年 6 月。

[美] 莫里斯·罗沙比著，赵清治译：《忽必烈和他的世界帝国》。重庆出版社，2008 年 8 月。

蒙哥是蒙古帝国第四任大汗，1258 年，他派三路大军攻打南宋，企图一口气统一中国。他亲自率领主力进攻今四川一带，遭到南宋军民的顽强抵抗，命丧合州（今重庆市合川区）。由于蒙哥事先没有对汗位继承做出安排，他死后，他的两个弟弟忽必烈与阿里不哥展开了一场你死我活的汗位争夺战。

按照蒙古族的风俗，幼子是守炉灶之人（即主人），所以蒙哥在征南宋时，让同胞小弟阿里不哥留守蒙古汗国都城哈拉和林（今蒙古国前杭爱省西北）。蒙哥去世后，阿里不哥手握重兵，朝中多数大臣也拥护他，于是准备召开忽里勒台（大会）选举他为大汗。同时，阿里不哥派亲信率精兵直逼漠南，企图一举占领哥哥忽必烈的封地，还联合握有重兵的将领分据险关和军事重地，四面合围忽必烈。当时，不论是政治上还是军事上，都对忽必烈不利。

兄弟俩的战争表面上是汗位之争，实际上是蒙古统治者内部汉化和守旧的斗争，谁善于团结和利用汉族地主阶级，谁不排斥汉族文化，谁就最终取得胜利。阿里不哥和他的亲近大臣向来反对借鉴汉族的政策和制度，也反对任用汉族谋

元代汉装男俑　　　　　　　　　　　　　　元代官吏俑

士。忽必烈则相反，他积极团结汉族地主阶级，大胆地使用汉族儒士，知人善用，用人不疑；不强行改变汉族的生产生活方式，继续在汉族地区推行发展农桑政策。加上忽必烈能够运用政治智慧和正确的战略战术，他在人力、物力、财力等方面占据优势。

1260年秋，忽必烈亲征阿里不哥，双方会战于甘州 (今甘肃张掖)，经过惨烈的激战，阿里不哥大败。在此后四年的汗位争夺战中，富庶的漠南地区汉族官吏源源不断地向忽必烈提供人力、物力和财力支持。如开平 (今内蒙古正蓝旗东) 之战，燕京、西京、北京三路宣抚司运米10万石支援忽必烈；东平路万户严忠济等曾发精兵15万人赶赴开平；真定、平阳、大名、东平、益都等路宣抚司制造数以万计的羊裘、皮袄、靴子和12万副人马甲及铁装发往开平。在争夺战略要地秦陇地区的过程中，忽必烈派去的汉族官吏发挥了重要作用，他们个个智勇双全，能够独当一面。

在汉族地主阶级的大力支持下，忽必烈最大限度地利用了阿里不哥的劣势，并把它变为自己的优势，终于赢得了胜负未卜的汗位争夺战。阿里不哥的优势则一点点地丧失，最后走投无路，1264年七月，他只得前往上都开平向忽必烈投降。

>>>寻踪觅迹

元中都遗址 位于河北张北县，始建于元大德十一年 (1307)，建造者为元武宗海山。张北县城建有元中都博物馆。

42. 凉州会盟　吐蕃统一

1229年，成吉思汗的第三子窝阔台即汗位，他把原属西夏和今甘肃、青海的部分藏区划给了自己的次子阔端作为封地。1235年，窝阔台命令阔端统帅大军进攻陇、蜀，对吐蕃形成战略包围。同时，阔端与吐蕃宗教领袖展开和平谈判，解决统一吐蕃的问题。

自9世纪吐蕃王朝崩溃后，吐蕃就陷入了分裂割据状态，地方封建势力与各教派相结合，各霸一方，相互倾轧，纷争不止，给人民带来了深重的灾难。

和平与统一是13世纪吐蕃人民的共同愿望和强烈要求。

阔端迎请实力雄厚的萨迦派大师贡噶坚赞到凉州（今甘肃武威市）蒙古领地传播佛教，共商吐蕃统一大计。

贡噶坚赞自幼学习宗教经典和教法，还懂梵文。由于学识渊博，声名远扬，吐蕃百姓都尊称他为"萨迦班智达"，简称"萨班"，意为萨迦派的大学者。接到阔端的邀请，萨班审时度势，权衡利害，毅然决定亲自去凉州见蒙古王子。1244

甘肃武威白塔寺萨班灵骨塔遗址
凉州会盟后，萨班留在了凉州，一直居住在幻化寺（白塔寺）中，直到去世并葬于此。

萨迦寺伎乐壁画

西藏萨迦寺外墙上标志性的红、白、青（黑）三色

年八月，萨班派 10 岁的八思巴和 6 岁的恰那多吉两个侄儿先行起程，他本人则先到拉萨，与吐蕃各地方势力磋商了归顺蒙古事宜，然后才动身前往凉州。当时萨班已 63 岁高龄，为了吐蕃众生的前途，他不顾路途遥远艰险，经过两年艰苦跋涉，终于到达凉州。不巧的是，阔端刚好去外地参加哥哥贵由汗的即位典礼，二人未能立即见面。萨班并没有闲着，而是利用等待阔端这段时间，在当地广设经场，传播佛法，并给各族信众治病送药，很快就名声大振，被凉州百姓视为神人，这为他与阔端会商创造了良好的气氛。

1247 年，阔端返回凉州，立即邀萨班会谈，经过磋商，达成了吐蕃归顺蒙古的条件，包括呈献图册、交纳贡赋、接受派官设治等。萨班拟写了一封公开信——《萨班致蕃人书》，向吐蕃僧俗各

>>>小贴士

藏传佛教主要流派

★格鲁派。由于僧人戴黄帽，俗称黄教，是藏传佛教形成最晚的教派，但势力和影响却最大，达赖和班禅都出于该派，在藏区有六大寺庙，即扎什伦布寺、甘丹寺、哲蚌寺、色拉寺和青海塔尔寺、甘肃拉卜楞寺。

★宁玛派。由于僧人穿红色僧衣，俗称红教，是藏传佛教最早形成的一派。

★噶举派。因僧人穿白色僧衣，故俗称白教，藏语"噶举"意为"口授传承"，其修行方法是通过师徒口耳相传。

★萨迦派。因寺院围墙涂有象征文殊、观音和金刚手菩萨的红、白、黑三色装饰，又被俗称为花教。

★噶当派。藏语"噶"意为"佛语"，"当"意为"教授"或"教诫"，即用佛语来教导人们接受佛教的道理、教义。以热振寺为根本道场，后来发展为黄教。

萨迦寺彩绘装饰画

萨迦寺内的舍利塔也是红、白、黑三色

界说明归顺蒙古的利害关系，奉劝大家遵行蒙古法度，顺应潮流，不要存有其他侥幸心理。萨班在信里告知，吐蕃已成为蒙古属地，阔端大王已委派他和蒙古特派的金字使者共同治理吐蕃，凡自愿归顺者，相安无事，官员可以保持原有的职权地位；不愿归顺者，蒙古大军将以武力讨平。信中还把蒙古对吐蕃地区的各项制度，包括委派官员、缴纳贡赋等都作了说明。

《萨班致蕃人书》是一份关系吐蕃生存发展的告白书，是使吐蕃人民免受兵戈之苦的重要文献，赢得了吐蕃全体僧俗的认同和欢迎。阔端对萨班的顾全大局和远见卓识十分钦佩，对他优礼相待，崇尚有加。

在阔端和凉州臣民以及众僧侣的大力支持下，萨班精心策划，按照佛教天地生成的理论，以凉州城内的罗什、清应、大云三寺为中心，象征须弥山，在其周围改建、扩建了四座佛教寺院，即东部幻化寺、西部莲花寺、南部灌顶寺和北部海藏寺，以东部幻化寺（即白塔寺）规模最大，它是萨班在凉州期间讲经布道和驻锡之所。

凉州会盟胜过了千军万马的征伐，吐蕃和平归附后，元朝将它同中原各行省一样进行治理，西藏自此正式纳入中央政权有效管辖的范围，成为祖国不可分割的领土。

>>>阅读指南

萨迦班智达：《萨迦格言》。当代中国出版社，2012 年 1 月。

多识仁波切：《藏传佛教常识 300 题》。甘肃民族出版社，2009 年 5 月。

>>>寻踪觅迹

白塔寺 又名幻化寺，位于甘肃武威市凉州区，始建于元代，是 1247 年蒙古王子阔端与西藏宗教领袖萨班·贡噶坚赞举行凉州会盟的遗址地，是西藏归属中国的重要历史见证。

43. 蒙古人的藏族国师

1270年，忽必烈封藏族喇嘛八思巴为"帝师"，即皇帝宗教上的导师；1280年，46岁的八思巴突然去世，忽必烈赐给他的谥号长达36字，还在京城为他修建真身舍利塔；1320年，元仁宗颁诏按照孔子的规格为八思巴建"帝师殿"；元英宗年间，下令全国郡县都建庙祭祀八思巴；元泰定元年（1324），元朝廷绘制八思巴像11张，颁发到各行省，要求照此标准为八思巴塑像。为什么蒙古族建立的元朝要给予一个藏族喇嘛这么高的地位和荣誉呢？

八思巴全名是八思巴罗追坚赞，是西藏萨迦派大师贡噶坚赞（萨班）的侄儿，1235年诞生于今西藏昂仁县。据说

他的父亲年过半百还没有孩子，心中焦虑，就向毗那夜迦神（恋爱之神）祈祷，毗那夜迦神让死去的高僧萨顿日巴转世为八思巴。八思巴出生后能无师自通，或稍受指点即能通晓，读、写、算样样都十分熟练，并且知道自己的前世。这一神奇的传说被认为是藏传佛教最早的活佛转世说。由于天资聪颖，伯父萨班把八思巴作为接班人来培养，凉州会盟时就特意带上他，有意让他经风雨长见识，当时他就得到蒙古亲王阔端的喜爱。1251年萨班去世后，八思巴理所当然地继任萨迦派教主。

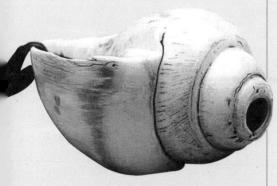

这只硕大的白皮海螺是忽必烈送给八思巴的，是萨迦寺的镇寺之宝

>>>小贴士

元朝时西藏如何称呼

元朝仍然总称藏区为吐蕃。元朝中期，整个青藏高原被划分为三个行政区域：一是朵思麻，指今青海大部、甘肃南部和四川阿坝一带；二是朵甘思，指今青海玉树、四川甘孜、云南迪庆和西藏昌都以及那曲地区的东部；三是卫藏阿里，即今西藏自治区所辖区域的大部。其中今拉萨、山南和日喀则地区在吐蕃王朝时期称为卫藏，是吐蕃的政治、经济和文化中心，这一地区元代又称为乌思藏。同时，元朝总称西域各族为西蕃或西番，藏区又被作为西番之一。

1252年，忽必烈率大军准备穿过甘、青、川藏区远征大理，到达六盘山时，忽必烈派人就近到凉州诏请八思巴到军营来，向他咨询有关吐蕃的历史、宗教等问题。八思巴的聪颖博识得到了忽必烈的尊重。当忽必烈要求八思巴派人去藏区摊派兵差、征集财物时，八思巴并没有一味顺从，而是据理力争，维护藏民的利益，表现出高度的民族责任感。八思巴揣摩到忽必烈需要藏传佛教领袖帮助的心理，就巧妙地宣传藏传佛教思想，使忽必烈认识到要得到佛教徒的拥护，还需要仿照历史上崇佛帝王的先例，与八思巴建立更深入的关系。于是，忽必烈接受了萨迦派的喜金刚灌顶，表示皈依佛教，把八思巴尊为自己宗教上的老师。六盘山会晤是继阔端与萨班凉州会盟之后蒙藏关系史上又一重大事件，它进一步强化了蒙古族政权与吐蕃萨迦派政教势力的关系。

1260年，忽必烈即大汗位，立即任命八思巴为国师，授以玉印，让他统领

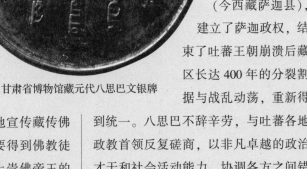

甘肃省博物馆藏元代八思巴文银牌

佛教。这样，八思巴不仅是吐蕃各教派的领袖，也是全国的佛教领袖。

1264年，元朝建立总制院，授命八思巴以国师身份兼掌总制院，管理全国佛教事务和吐蕃地区行政事务，八思巴成了元朝的高级大臣，集宗教、政治大权于一身。第二年，八思巴回到萨迦（今西藏萨迦县），建立了萨迦政权，结束了吐蕃王朝崩溃后藏区长达400年的分裂割据与战乱动荡，重新得到统一。八思巴不辞辛劳，与吐蕃各地政教首领反复磋商，以非凡卓越的政治才干和社会活动能力，协调各方之间错综复杂的关系，建立起一套行之有效的行政管理体制，为元朝对西藏进行实质

>>>阅读指南

陈新海：《忽必烈与八思巴》。青海人民出版社，2011年6月。

[意]伯戴克著，张云译：《中部西藏与蒙古人——元代西藏历史》（增订本）。兰州大学出版社，2010年9月。

性施治奠定了基础。八思巴确立的西藏行政体制的基础和构架以及政教合一的组织形式，对明清两朝乃至民国初期西藏及全国藏族地区的政权组织形式，都产生了重大影响。

八思巴跟随忽必烈多年，发现忽必烈几案上的令牌用的是畏兀儿字，与汉人交往时用的是汉字，与回纥人交往时用的又是回纥文。由于没有统一的文字，政令所出、钱谷出纳等都存在许多不便。他给忽必烈进谏，说："文字是五智彩虹，能收拢天下心。一个没有统一文字的民族，怎能担得起天下一统的重任？一个疆土辽阔的民族，没有统一的文字，如何讲习经法？如何融合人心？"忽必烈正苦于找不到创制统一的蒙古文字的合适人选，既然八思巴这么说，就把这一重任交给了他。八思巴经过几年的探索和试验，仿照藏文字母创制了一套方形竖写拼音字母（共41个），并参照梵文、藏文的语法规则，创制出蒙古新字。忽必烈很高兴，马上下诏颁行这种"大元国字"（俗称八思巴文），此后元朝

的诏旨、公文、印章、牌符乃至所铸钱币多用八思巴文。八思巴文的推广对促进元朝"万里疆土皆融合，僧俗众生共文明"起到了积极作用。

西藏博物馆藏"统领释教大元国师之印"

元代八思巴文圣旨牌

西藏博物馆藏元朝"国师之印"

1270年，忽必烈将原西夏国王的玉印改制后赐给八思巴，并封他为"皇天之下，大地之上，梵天佛子，化身佛陀，创制文字，护国持政，五明班智达八思巴帝师"。八思巴正式以帝师身份出现在元朝和吐蕃政教各界的历史舞台上，元朝的帝师制度也从此正式开始。从八思巴受封帝师到元朝灭亡，元朝更换了八个皇帝，每个皇帝都封有帝师，先后有14位萨迦派僧人出任帝师，帝师成为朝廷常设之职。如果帝师因故长期离开朝廷，就得任命他人代理；帝师圆寂，则新立一人继任。帝师既是皇帝宗教上的导师和元朝的精神支柱，又是全国佛教僧人的领袖和吐蕃政教合一地方政权的首领。帝师的地位极为崇高，皇帝听法时帝师坐上座，朝会时其地位也在诸王及百官之上。在皇帝的带动下，皇室成员对帝师恭敬备至。藏族帝师对密切藏族和蒙古族的关系起到了重要的推动作用。

>>>寻踪觅迹

萨迦寺 位于西藏萨迦县奔波山上，是藏传佛教萨迦派的祖寺。有南寺和北寺两部分，北寺始建于北宋，南寺兴建于元朝。萨迦政权建立后，南寺成为其政治中心，寺内保存了大量见证西藏和元朝关系的历史文物。

44. 元朝的民族等级制度

蒙古人与汉人发生纠纷，汉人遭殴打不许还手，只允许告官，违者严行断罪；蒙古人与汉人发生纠纷及醉酒时打死汉人，只罚他随军出征，付给烧埋银即可了结；汉人打死蒙古人，凶手除被处死刑、抄没家产外，还要付50两烧埋银。这就是元朝不平等的法律。

元朝统一全国后，蒙古族成为统治民族，但它却是一个人数少且社会发展比较落后的民族。如何统治比蒙古族人口多数十倍、经济文化发达的汉族和其他少数民族，是摆在蒙古族统治者面前一个十分现实的问题。

忽必烈虽然依靠汉族地主阶级的帮助取得了汗位并统一了全国，但是，元朝统一后，为了巩固和加强蒙古族作为统治民族的优越地位，他开始绞尽脑汁在民族间人为制造矛盾，以削弱各族人民的反抗斗争，达到分而治之的目的。元朝把全国各族划分为四个等级：第一等是蒙古人，即1206年成吉思汗统一蒙古高原时集合的那些人及其后代，他们在政治、经济、法律上享有许多特权；第二等是色目人，包括西夏人、畏兀儿人、回回人、西域人和留居中国的欧洲各国人；第三等是汉人，指淮河以北原金朝统治范围内的汉族和契丹、渤海、女真等民族；第四等是南人，指原南宋统治下的南方汉族和其他民族。

对不同等级的人，元朝在政治权利、法律地位、科举仕进、经济负担等各方面都做出了不同的规定。如：各级统治机构中，正职一律由蒙古人担任，汉人、南人只能担任副职；凡军机重务，全由

元代蒙古人铜像

夫妇对坐图

内蒙古赤峰市元宝山沙子梁元代早期墓壁画，人物体态、装束有明显的蒙古族特点。

蒙古人掌管，汉人不得过问。整个元代，掌握中央军机大权的知枢密院事、同知枢密院事，掌监察大权的御史大夫，没有一个汉人官员担任过。即使是中书省的文官左右丞相，也只有立下过赫赫战功的史天泽和贺惟一两个汉人担任过。在地方的路、府、州、县各级机构中，均设置"达鲁花赤"为最高官，并只能由蒙古人或色目人担任，汉人任总管，回回任同知。"达鲁花赤"是蒙古语"镇压者、制裁者或盖印者"的音译，意思是监临官或总辖官。

元朝初年不设科举考试，一些汉人官员不断建议实行科举取士，但是朝廷

>>>阅读指南

蒙思明：《元代社会阶级制度》。上海人民出版社，2006年8月。

史卫民：《元代社会生活史》。中国社会科学出版社，2005年6月。

总是议而不决。到元仁宗皇庆二年（1313）设立科举时，元朝建立已经四十余年了。在考试科目上，规定蒙古人、色目人考两场，汉人、南人则要考三场；在考试内容上，蒙古人、色目人的题目容易，汉人、南人的题目却比较难；赴试的汉人、南人士子人数远多于蒙古人、色目人，但录取的名额却是按四个等级平均分配；在录取名次的排列上，南人不得进入前三名；蒙古人一旦考中，即委任六品官，而其他等级的人则递降一个级别。在经济方面，官府向民间"括马"，即无代价地向民间强取马匹，不取蒙古人的马，色目人三匹马取其二，而汉人的马则悉数入官。

色目人是随着蒙古军队西征东来的西域人。"色目"一词最早见于唐代，意为"各色名目"，也用于称呼稀僻的姓氏。元人使用"色目"之名，就是指其种类繁多。元末人陶宗仪在《南村辍耕录》中列举了色目人有31种。常见于元人记载的色目人主要有回回、唐兀、乃蛮、汪古、畏兀儿等，其中回回最多。

为什么元朝重用色目人？色目人总体上文化程度比较高，擅长经商理财，

符合忽必烈急于富国的需要。
更重要的是他们大多来自中亚
等地，在中原汉族地区不易作
乱，对于蒙古族统治者而言，
他们是可以利用又没有威胁的
人。蒙古族统治者授予色目人
高官要职，让他们既辅助蒙古
贵族统治全国，又牵制汉人。
据文献记载，仅回回人任元朝
丞相、平章政事等高官要职的
就有30多人，在地方上任平
章、达鲁花赤等官职的则更多。

元代胡人俑

元朝法律明确规定"色目人比汉人
优一等"。对色目人犯罪另设司法机关审
判，量刑也往往从宽；位高权重的职位
由蒙古族和色目人担任，色目人可以担
任军职，掌握军事；在科举考试录取发
榜时，以右为尊，色目人与蒙古人同为
右榜；在录用官吏时，色目人也得到特
别照顾。

由于汉族人口众多，元朝对汉族的
防范特别严厉。为防止汉族人民的反抗，
元朝禁止汉人持有兵器；汉人、南人百
姓所有的铁尺、铁骨朵、带刀子的铁柱
杖，都要没收；民间庙宇中供神用的鞭、
筒、枪、刀、弓箭、锣鼓、斧、钺等也
被禁用，违者严厉惩处；私藏全副铠甲
者要处死，不成副的则杖打57下；私藏
枪或刀、弩者够10件的处死，私藏弓箭
10副者处死（每副弓1张，箭30支）。

元朝还严禁汉人、南人
养马打猎，不许练武集
会，不许在夜间通行。

元朝的民族等级制
是一种带有歧视和压迫
色彩的民族政策，人为
地加剧了社会矛盾，使
曾经创造了丰功伟绩的
蒙古族没能继续保持兴盛的局面，元朝
只维持不到100年就灭亡了。

>>>寻踪觅迹
蒙元文化苑 位于内蒙古锡林浩特
市，包括蒙元文化博物馆、民俗馆、民族
歌舞剧院、蒙元文化研究中心、蒙元历史
名人雕塑群和科技文化长廊等。

45. 忽必烈对汉族心存疑惧

元中统三年 (1262)，益都行省、江淮大都督李璮 (tǎn) 和中书省平章政事王文统被忽必烈命令杀死；紧接着，史天泽等 17 个汉族军将同时被迫交出兵权；张弘略、张弘范等一批汉族世袭诸侯也被收夺兵权，解除军职……

忽必烈当年正是依靠这些汉族官员的大力支持才得以继承蒙古汗位的。元朝初期没有等级制度，忽必烈曾给汉族官员极大的信任，让他们担任非常重要的官职，他们也为忽必烈在汉族地区的统治发挥了重要作用。1259 年，忽必烈率领东路军攻打南宋鄂州（今湖北武汉）时，表示要网罗人才辅佐自己，随军谋士向他推荐了王文统，忽必烈对他非常满意。第二年，忽必烈即汗位后马上就提拔王文统，让他主管中原汉地政务。王文统设十路宣抚司分管各地，颁布一系列规章，革除赋税、吏治等方面的积弊；发行中统元宝货币，制定了严密的钞法；选用人才，健全了政府机构，为奠定元朝的各项制度发挥了重要作用。当时忽必烈正与阿里不哥进行争位战争，急需中原汉族地区的财政支持，王文统善于理财，他推行的改革措施使朝廷财

莲花形玻璃托盏
甘肃漳县汪世显家族墓出土。汪世显是盐川（今甘肃漳县盐井乡）汉人，原为金朝大臣，后投降蒙古，并随元军南下四川伐宋，他的儿子均为元朝大将，并立有赫赫战功。终元一代，汪氏家族封王者 3 人，封公者 11 人，娶元宗室公主者 3 人，成为陇右望族。甘肃省博物馆藏。

元朝钧窑香炉
内蒙古呼和浩特市白塔村窖藏出土。其上阴刻烧制时间与工匠姓氏："己酉年九月十五小宋自造香炉一个。"己酉年为元武宗至大二年 (1309)。内蒙古博物院藏。

内蒙古翁牛特旗张应瑞墓碑

碑正面刻楷书汉字 3000 余字，背面刻与汉文内容相同的八思巴文。张应瑞是元朝皇家世戚弘吉剌部鲁王府的王傅，汉族，曾任元辽阳等处行中书省平章政事、柱国，并赠荣禄大夫，死后被追封为蓟国公。

政收入大增，因此成为忽必烈的心腹。1260 年，忽必烈任命的十路宣抚使中，除两个回回和受汉族影响很深的女真、畏兀儿各一人外，其余六个都是汉族人。同年成立的燕京行中书省，除丞相外，其他三位长官全是汉人，近百名僚佐也大部分是汉人。

尽管如此，作为少数民族的蒙古族统治者，要治理绝大部分人口是汉族的国家，忽必烈始终对汉族心存疑惧。特别是 1262 年李璮的反叛使忽必烈坚信他的疑惧是必要的，汉族官员的地位也由此急转直下。

李璮是金末归顺蒙古的山东军阀李全之子，被忽必烈任命为江淮大都督，地广兵多。1262 年二月，李璮乘忽必烈倾全力抗御阿里不哥南犯之机，举兵反叛，献出三城给南宋，并杀蒙古戍兵，声势震动朝野。南宋封李璮为齐郡王，但并没有在军事行动上给予有力配合。李璮在进攻济南时，曾传檄河北，希望与华北地区汉族军阀联合反抗蒙古的统治，但应者寥寥，他的处境完全孤立。忽必烈迅速集中蒙汉各军，动用当时全国三分之二的兵力，花了两个多月才镇压了李璮叛乱。随后，忽必烈下决心清洗汉族官员，帮助镇压并杀死李璮的将军史天泽也未能幸免。

李璮叛乱被镇压后，汉人的地位大大降低，色目人后来居上，取代了汉族人在蒙古族统治集团中的位置。忽必烈重用色目人来牵制和防范汉人，本意是为了巩固蒙古族的统治，没有想到却加剧了色目贵族与汉族官僚之间的矛盾，反而不利于元朝的稳定。

>>>阅读指南

巴根：《忽必烈大汗》。作家出版社，2012 年 11 月。

江月：《元朝其实很有趣儿》。中国纺织出版社，2011 年 9 月。

>>>寻踪觅迹

内蒙古博物院、首都博物馆　均收藏众多元朝文物。

46. 蒙古人的契丹族智囊

1232年，蒙古军队攻破金朝汴京（今河南开封），先锋大将报请窝阔台准备屠城。在蒙古贵族看来，汉人对国家没有什么用处，把他们都杀了，可以空出土地来放牧。1206年成吉思汗颁布法令规定，蒙古军队攻打城邑时，如敌方投降，则得到优待；如果抗拒，那么攻破城池后，必大肆屠杀。大臣耶律楚材听说后，急忙劝阻窝阔台："将士们奋战数十年，不就是要得到土地和土地上的百姓吗？得到土地却把百姓都杀了，要这土地又有何用呢？"窝阔台犹疑不决。耶律楚材又说："能工巧匠，财富之家，皆聚在此城，杀之则无所得，那不是白攻城了吗？"他还给窝阔台算了一笔账：蒙古每年需要的50万两银子、40万石粮食、8万匹布帛等，全都来自中原的税收和盐、酒、冶铁等百业，怎么能说汉人没有用？窝阔台终于被说服，下令除金朝皇族完颜氏外，其他人都免死，汴京百姓得以免遭屠杀，蒙古族从此废除了屠城的法律。

成功劝阻屠城的耶律楚材是个精通汉族文化的契丹人，他是辽开国皇帝耶律阿保机的九世孙，他的父亲在金朝做过尚书右丞。耶律楚材从小博览群书，天文、地理、历法、数学、

具有游牧民族特点的陶车马
陕西历史博物馆藏。

元代蒙古人形象

医学、三教九流，无不精通，他也做过金朝的校官左右司员外郎。

1215年，成吉思汗攻下金中都（今北京），听说耶律楚材很有才能，就让他跟在身边做谋臣。耶律楚材跟随成吉思汗南征北伐，对巩固成吉思汗的统治发挥了重要作用，深得信任。成吉思汗在去世之前对他的子孙说："耶律楚材是上天赐给我们的宝贵人才，今后制定大政方针，都要听取他的意见。"

窝阔台继位当了大汗后，继续重用耶律楚材。耶律楚材在改变蒙古族的统治方式、完善法律制度、缓和社会矛盾方面发挥了更大作用。他首先倡导建立君臣跪拜之礼。蒙古族是游牧民族，蒙古汗国虽然有贵贱尊卑之分，但不像中原封建王朝那样有严格的君臣之别，臣僚一般不跪拜大汗。耶律楚材参照中原

>>>阅读指南

冯同军：《大元相耶律楚材》。内蒙古人民出版社，2012年9月。

李树清等：《元朝那些人》。北京燕山出版社，2009年7月。

王朝的礼仪，为窝阔台制定了登基的仪式，并劝窝阔台的哥哥率领皇族中的长辈向大汗行参拜大礼，使大汗在蒙古贵族中至高无上的地位得到确认和巩固，增强了威严和权力。

陶凤
北京颐和园昆明湖东岸耶律楚材次子耶律铸夫妇合葬墓出土，首都博物馆藏。

蒙古建国之初，实行军政合一制度，只有万户、千户、百户等统帅军队的长官，攻下城镇后一般不派兵镇守。耶律楚材建议实行军事和行政分开：设万户所，负责军政；设立州县，管理民政；设课税所负责征收赋税。这样就把军权、政权和财权分割开来，可以相互牵制，相互监督。在耶律楚材的建议下，窝阔台改变了分封制，即把朝廷分封王各管一块，改为由朝廷在各地设立征税的官吏，把征税的权力收归朝廷。同时，改革官吏的俸禄制度，用固定的俸禄代替战争掠夺和大汗赏赐，并整顿吏治，对官吏进行严格的监督考核，从而协调了汉族地主和蒙古贵族之间的矛盾，加速了统一全国、建立中央集权政治的步伐。

耶律楚材根据蒙古统治范围扩大到中原后，刑事案件大大增加、情况更加复杂的特点，提出《便宜一十八事》作为临时法律，严禁地方官吏滥杀老百姓，不准商人财主贪污公物，打击地痞流氓杀人盗窃，禁止地主富豪掠夺农民田地，使社会秩序渐渐安定下来。

耶律楚材还主张用孔孟之道作为治国治民的原则，恢复科举，任用儒士担任各级官吏。

耶律楚材是契丹皇族后裔，无论对于女真人、蒙古人，还是对于宋朝的汉人来说，他都是外族人，但他却超越了民族身份，认真学习汉文化，并以宽阔的胸襟，服务于金，也帮助蒙古人，以出色的才干，对蒙古汗国的建立和元朝的发展作出了重要贡献。

>>>寻踪觅迹

耶律楚材祠 在北京颐和园内，也是耶律楚材夫妇的合葬墓所在地。

砖塔胡同 位于北京西四牌楼附近，建于元代，名称源于矗立在胡同中的一座青砖古塔，它是耶律楚材的老师——金元之际高僧万松老人的葬骨塔。

47. 行省制度和宣政院的创立

　　元朝的疆域空前辽阔，为了统治这片广大的国土，元世祖忽必烈参照汉法，加强了中央集权：确立皇帝在全国的最高统治地位，废除汉族地主"世侯"封地的世袭制度；设中书省，总理全国行政事务；设枢密院，掌管军事；设御史台，负责监察。由于南宋灭亡后江南局势长期动荡，各地的反元斗争此起彼伏，为了稳定地方局势，元朝创造了行省制度。

　　"行省"一词源于金末。当时，金为了抵御蒙古军队入侵和镇压山东等地的农民起义，在从洛阳、析津（今北京）到邳（pī）州（今江苏邳州市）东西1000余千米的范围内，设立四个行省，临时行使中央尚书省的部分权力。元朝模仿这个临时的行省制度，把它发展成常制，在各地分设行中书省，作为中书省的派出机构，简称"行省"，后来逐渐成为固定的地方行政机构，设丞相一人，掌管辖区内军政要务。全国共设十个行省，行省下设路、府、州、县，距离省治较远的地方，另设宣慰司，作为行省

元"宣慰使司都元帅府"夜行铜牌

宣慰使司是元朝行省与郡、路之间的地方行政机构，这件铜牌是夜晚办理重要公务时用来证明身份的。江苏扬州博物馆藏。

元代五体文夜巡铜牌

内蒙古科右中旗出土。铜牌正面铸汉字和畏兀儿文字，反面铸八思巴文、蒙古文和回纥文。内蒙古兴安盟博物馆藏。

白兰王印

白兰王是元朝敕封吐蕃萨迦首领的世俗爵位。元朝曾先后封过四位白兰王，其中有三位是元朝皇室的驸马，第一位就是1244年与八思巴一起去凉州的恰那多吉，他娶了忽必烈的女儿。

的派出机构，就便处理军民事务。

行省制度的实施，加强了朝廷对地方，尤其是对边疆地区的管辖，使中央集权在行政体制方面得到保证，有利于统一多民族国家的巩固。行省制对后世影响巨大，省作为地方一级行政区的名称，一直沿用至今。

至元元年（1264），元朝建立总制院，这是中原王朝第一次设立专门管理西藏地区的机构，标志着元朝开始对西藏实行有效的管理。

至元二十五年（1288），元朝根据唐朝时在宣政殿接待吐蕃来使的做法，把总制院改名为宣政院。宣政院与中书省、枢密院、御史台是元朝廷的四大机构。宣政院直接与皇帝沟通，位高权重，授职官吏及所处理大小事务都不必通过中书省而直接奏请皇帝批准。随着元朝不断加强中央集权，吐蕃藩王的权力相对削弱，宣政院成为管理吐蕃地方的最高行政机构。吐蕃的封王不能直接处理当地的地方军政事务，必须将意见和建议上陈宣政院，由宣政院议拟出处理办法，上奏皇帝，请旨决定，吐蕃的军民财赋也转由宣政院管理。

宣政院下设宣慰司、招讨司、万户府等地方行政机构，官员僧俗并用，主要官员由帝师和宣政院举荐，朝廷任命，以达到恩威并重的目的。1268年、1287年和1334年，元朝三次派官员到吐蕃清查户口，为加强管理奠定基础。

宣政院还协助朝廷仿照中原地区设置驿站之例，从今青海化隆境内起，经朵甘思后藏，到萨迦寺，设置了27个大驿站，使朝廷势力直通吐蕃的各个角落，有效地维护了国家的统一。

>>>阅读指南

李治安：《元代行省制度》。中华书局，2011年4月。

黄玉生等：《西藏地方与中央政府关系史》。西藏人民出版社，2008年11月。

>>>寻踪觅迹

北京南锣鼓巷 也叫蜈蚣巷，是一个完整保存着元代胡同院落肌理的传统民居区。

河北怀来县鸡鸣驿 始建于元代，是我国现存规模最大、保存最为完好的一座古驿站。

48. 从辽南京到元大都

浅蓝釉三足炉
元朝。北京元大都遗址出土，首都博物馆藏。

今日北京的历史非常悠久。春秋战国时期，北京的前身蓟（jì）就是当时的燕国之都，因此北京自古又称燕京。汉代，北京又是诸侯王国燕和广阳国之都。十六国时，前燕慕容儁（jùn）也曾从和龙（今辽宁朝阳市）迁都蓟城。这些诸侯国都或分裂割据的小王朝临时之都，都不能算真正意义上的都城。契丹族建立的辽朝，设立了五个都城，北京也是其中一个，当时叫南京，虽然是辽代经济、文化最发达的城市，但也只是一个陪都而已。

金朝建立之初，定都在白山黑水间的上京会宁府（今黑龙江哈尔滨市阿城区）。随着金朝向南扩张，经济中心转移到了中原汉族地区，上京会宁府孤悬东北一隅，对于金朝的统治有诸多不利。金皇统九年（1149）十二月，完颜亮弑金熙宗，篡取帝位，还杀害了大批金朝宗室成员。尽管如此，他仍然时时担心上京的宗室贵族发动宫廷政变，于是决定迁都燕京。

金天德三年（1151），金海陵王完颜亮派遣画工到原宋朝都城东京（今河南开封）考察城市和宫殿布局，并绘制详图，作为修建新都城的参考，接着就派尚书右丞张浩主持营建新都燕京事宜。百余万工匠和民夫日夜加班加点，历时三年，新都终于如期建成。

金贞元元年（1153）三月，完颜亮

>>>阅读指南

北京市社会科学界联合会等：《史说北京》。中国人民大学出版社，2011年10月。

窦欣平：《像史学家一样逛北京》。北京燕山出版社，2012年8月。

下令迁都燕京，并改燕京为中都，改汴京（今河南开封）为南京，改中京（今内蒙古宁城西）为北京。为了让女真贵族们死心，完颜亮下令拆除上京的宫殿、宗庙，把女真族豪族的宅第夷为平地，还把金朝始祖至太祖、太宗的棺椁从上京迁到新都的郊外安葬，然后一把火烧了金上京，表示与女真旧制彻底决裂。金朝迁都燕京，拉开了北京作为都城的历史大幕，对促进北方民族与汉族的交流、融合发挥了重要作用。

元朝建立的第二年，忽必烈即改金中都为元朝大都，蒙古文称为"汗八里"，意为"大汗之居处"。接着，忽必烈下令在金中都旧城东北建造新城，委任汉族大臣刘秉忠主持新都城的设计和营建。刘秉忠既继承了中国古代都城建设"前朝后市，左祖右社"的传统，又考虑到蒙古族逐水草而居的特点，把不同的文化传统有机结合起来考虑城市的

青白釉水月观音菩萨像
元朝。北京西城区定阜大街西口出土，首都博物馆藏。

元代道教碑
元朝疆域内种族繁多，这使元朝的宗教呈现多元化。元朝对境内各种宗教基本采取自由放任的态度，对宗教信仰采取兼容并包政策，这种环境有利于各宗教的传播与发展。首都博物馆藏。

磁州窑白地黑花鱼藻纹盆
北京西城区西绦胡同元大都遗址出土，
首都博物馆藏。

磁州窑白地黑花龙凤纹四系扁壶
北京安定门外元大都遗址出土，首都
博物馆藏。

格局和宫室的布置。元大都从至元四年
(1267) 动工，历经近 20 年才完工。

元大都新城平面呈长方形，周长约
28 千米，面积约 50 平方千米，设 11 座
城门。皇城以太液池为中心，四周建红
墙。皇城外，南面和东南面为官署和贵
族住宅区，北面积水潭一带为闹市，东
面为太庙，西面为太社，西南是金中都
的旧城区。

元大都城内布局如同一块棋盘，街
道大体上是笔直走向，直达城根。在南
北向的主干道的两侧，等距离地平列着
许多东西向的胡同，大街宽约 25 米，胡
同宽六七米，这种街道布局奠定了今日
北京城市的基本格局。今北京东西长安
街以北的街道，因位置就在昔日的元大
都城内，至今总体上仍保留元大都时期
的格局。

元朝海运大开，河运通畅，来自全
国各地的商品汇集到大都，元大都城内

外的商业行市多达 30 余个，东西南北主
要街道的两侧，各种类型的商铺林立，
开放的坊市制度使整个城市显得更加富
有生气，也为明清两朝北京城的建制奠
定了基础。

>>>寻踪觅迹

辽金城垣博物馆　位于北京丰台区玉
林南路，建在辽、金两代北京城（时称南
京或中都）的水关遗址上。

元大都城垣遗址公园　位于北京朝
阳、海淀区境内，元大都土城现存北段、
西段城墙遗迹，以及护城河（小月河），
元大都肃清门瓮城土墙南半部遗迹也清晰
可见。

49．"元时回回遍天下"

南宋末年，在元朝大军的穷追猛打下，刚满7岁的宋端宗赵昰（shì）在大臣的护卫下，从浙江一路南逃到了福建，希冀依赖当时的福建安抚使、阿拉伯裔商人蒲寿庚的海上武装，凭借广东和福建抗元，但没有得到蒲寿庚支持。不久，蒲寿庚降元。

宋朝的海外商贸规模在唐朝基础上又有了发展，来华的阿拉伯人、波斯人及其他穆斯林更多，据史书记载，当时住在广州、泉州、扬州、明州（今浙江宁波）、杭州等地的"胡客"就达数十万人，并出现了四世蕃客、五世蕃客。北宋大观、政和年间（1107—1118），广州、泉州设立"蕃学"对蕃客和胡商子弟进行文化教育。他们除了学习阿拉伯语和伊斯兰教知识外，还要学习汉语与汉文化；除了保留自己的穆斯林名字外，还要取汉姓仿汉名；还可以参加科举考试，获取功名者不乏其人。

宋代在泉州居住的阿拉伯商人及其后裔人数特别多，当时泉州被称为"回半城"。蒲氏家族就是其中的代表。蒲氏家族北宋时从占城（今越南）移居广州，

28	4	3	31	35	10
36	18	21	24	11	1
7	23	12	17	22	30
8	13	26	19	16	29
5	20	15	14	25	32
27	33	34	6	2	9

幻方铁板及对应的阿拉伯数字

陕西西安元代安西王府遗址出土。幻方也叫方阵或纵横图，特点是纵行、横行和对角斜线上的数字总和相等。包含数学原理的幻方在古代被视为神秘之物，被装在石函里，压在房基下，用以避邪、防灾。这个幻方是我国应用阿拉伯数字最早的实物资料。陕西历史博物馆藏。

元大德八年进贡宝货使者铭文墓碑
福建泉州出土，福建省博物院藏。

经营商舶，成为当地首屈一指的富豪和蕃客领袖，南宋时迁至福建泉州。南宋咸淳十年（1274），海寇袭击泉州，官兵抵挡不住，蒲寿庚与兄长率领家族武装，协助官兵击退海寇，蒲寿庚因此被朝廷任命为福建安抚使兼沿海置制使（合称福建安抚沿海都置制使），执掌福建兵事、民政要职，统领海防，可以说是位高权重。

蒲寿庚降元后，被授为昭勇大将军（后改镇国上将军），先后任闽广都督兵马招讨使、江西行省参知政事、福建省中书左丞等重要官职，掌握泉州及闽、粤海外贸易大权，亦官亦商，势力达到鼎盛。同时，元朝继续采取政策鼓励蒲寿庚招徕阿拉伯商人，于是到泉州的阿拉伯商人越来越多，泉州港成为当时世界上最大的港口之一，蒲寿庚功不可没。大量阿拉伯商人定居中国，把中国视为家乡，为中外经济文化交流作出了重要贡献。

在元朝，阿拉伯人、波斯人、中亚突厥各族以及一些来华的基督教徒、犹太教徒和吉普赛人等被笼统地泛称为"回回"。早在蒙古汗国建立前，一批批回回商人就已进入蒙古高原，用中亚的纺织品、粮食等换取蒙古人手中的珍贵土产。蒙古汗国兴起后，成吉思汗及其子孙多次西征，先后征服了中亚和西亚的广大地区，俘掠各地工匠和妇孺为奴，并征调青壮年充军。每次战争胜利后，一批批中亚、西亚各地的平民、军士、商人、官吏、学者等，都随大军东迁来到中国，而蒙古人西征也使中西交通大开，西亚、中亚和东南亚的穆斯林商人沿着陆上丝绸之路和水上的"香料之路"大量进入中国，他们都被称为回回。蒙古宪宗蒙哥二年（1252），正式立"回回户"，这标志着回回先民的地位发生了根本性转变，

>>>阅读指南

　[日]桑原隲藏：《蒲寿庚考》。中华书局，2009年5月。

　杨志玖：《元代回族史稿》。南开大学出版社，2003年7月。

元至正己丑年阿拉伯文墓碑
福建泉州出土，福建省博物院藏。

事和参知政事等重要职务者达三百多人，在各行省任丞相、平章、参政等重要职务者多达几十人，在朝廷其他部门和地方路、府、州、县等机构中任地方官的就更多了。

元朝回回从第二三代起，渐渐接受汉文化，涌现出了一批诗人、史学家、思想家、音乐家、翻译家、书画家等。同时，通过杂居、与汉族女性通婚、信仰伊斯兰教等，一些蒙古人、汉人、畏兀儿人等也融入回回之中。

到了明朝，回回经过数代甚至十几代、数十代在中国本土上的繁衍生息，形成了稳定的居住区域，有了通用的语言——夹杂着大量经堂语词的汉语，具有中国特色的清真寺广泛建立，以农业为主同时兼营手工业、牧业，并以善于经商闻名。这些都标志着回回作为一个独立的民族已经基本成型。

由"客"（蕃客）变为"户"（编户），正式成为中华民族大家庭的一员。

在元朝建立前和元朝统一中国的过程中，回回大量被编入"探马赤军"、"诸道回回军"、"西域亲军"或以族籍见称的"哈剌鲁军"、"阿儿浑军"等等，转战各地。战后他们就地屯聚，散处黄河上下、长城内外以及大江南北各地，逐渐形成了"元时回回遍天下"的局面。

回回为建立元朝立了功，受到了元朝的优待和重用，被列为仅次于蒙古人的色目人等级，在政治上和经济上享有特权。回回上层人物在元朝担任各种官职，其中任职中书省左右丞相、平章政

>>>寻踪觅迹

福建泉州市 作为古代"海上丝绸之路"的起点城市，留有大量相关遗迹，主要有清净寺、灵山圣墓、九日山祈风崖刻等，建有中国唯一的海外交通史博物馆。当地回族是古代阿拉伯人的后裔，其风俗习惯中还残留着部分古代中亚遗风。

广州蒲氏宗祠 位于广州市珠江村，建于清朝同治年间，村内蒲姓人就是古代阿拉伯人的后裔。

50. 黎族纺织技术传江南

"黄婆婆，黄婆婆，教我纱，教我布，二只筒子，两匹布。"这是上海一带劳动人民世代相传的一首歌谣，表达了人们对黄道婆的感激和怀念。

黄道婆生于南宋淳祐年间（约1245）松江府乌泥泾（今上海郊区）一个穷苦农民家庭，时值宋元更替、兵荒马乱之际。黄道婆十二三岁就被卖给人家当童养媳，由于无法忍受公婆和丈夫的虐待，她在一个夜深人静的晚上，逃到了一条停泊在黄浦江边的船上，并随船到了崖州（今海南岛）。淳朴的黎族同胞十分同情黄道婆的不幸遭遇，接受了她，让她有了安身之所。当时黎族的棉

《蚕织图》中的纺织场面（局部）
《蚕织图》描绘的是南宋江浙一带的蚕织户浴蚕、养蚕、收蚕、织帛等生产过程，共绘24个场面、74个人物。黑龙江省博物馆藏。

纺织技术比较先进，宋代最有名的纺织品中就有黎族妇女纺织的"黎幕"和"黎单"。黄道婆聪明勤奋，虚心向黎族同胞学习纺织技术，学得当地植棉、轧花、弹花、纺纱、织布等技巧，成为一个出色的纺织能手。她在海南岛生活了将近三十年，与黎族人民结下了深厚的情谊。

大约在元朝元贞年间（1295~1297），黄道婆回到故乡。她发现家乡的纺织技术没有黎族先进，就一边教妇

纺织画像砖
东汉。江苏泗洪县曹庄出土。

纺车图（局部）

北宋王居正作。描绘一位村妇坐在大树下的小凳上，怀抱婴儿一边哺乳一边纺纱的情景。故宫博物院藏。

女们学习黎族的棉纺织技术，一边对纺织工具进行改进。当时松江一带都是旧式单锭手摇纺车，工效很低，三四个人纺纱才够一架织布机的需要。黄道婆与木工师傅反复试验，把用于纺麻的脚踏纺车改成三锭棉纺车，使纺纱效率一下子提高了两三倍，而且操作也很省力，新式纺车很快就推广开来。在黎族织造技术的基础上，黄道婆结合自己的实践经验，总结出一套比较先进的错纱、配色、综线、挈花等织造技术，热心向人们传授，使乌泥泾出产的被、褥、带等棉织物图案美丽，鲜艳如画，一时"乌泥泾被"不胫而走；各地竞相仿效，松江一带很快就成为全国的棉织业中心。

黄道婆死后，人们为她举行了隆重的公葬，并在乌泥泾镇替她修建祠堂，叫先棉祠，纪念她对民族文化交流和纺织技术的贡献。

>>>阅读指南

　　庄黎黎、陈端鸿：《黄道婆传奇》。中山大学出版社，2009年10月。

　　李幹：《元代民族经济史》。民族出版社，2010年5月。

>>>寻踪觅迹

　　黄道婆纪念堂　位于上海植物园内。原名先棉祠，也称黄母祠、黄母庙，陈列有关黄道婆生平事迹的文献、实物等。

51. 游牧民族入主中原也重农桑

山西洪洞县水神庙元代壁画卖鱼图

中国是一个以农为本的国家，历代统治者都把发展农业生产作为根本大计，并敬农、重农、悯农、恤农、爱农。

元朝是由游牧民族建立的，在征服和统治的过程中，蒙古族一方面破坏了周围的农业文明，另一方面又受到农业文明的影响。蒙古族进入中原后，曾一度占农田为牧场，甚至采取消灭汉人的办法来扩展牧地。等到把统治中心移至大都 (今北京)，元朝统治者才意识到发展农业是当务之急。元世祖忽必烈采取了许多发展农业的措施，包括设立管理农业的机构劝农司，指导、督促各地的农业生产，兴修水利，总结和推广农业生产经验，下令将汉文古籍中的农业理论编辑成《农桑辑要》一书，颁行全国。以先进的生产技术指导农业生产，这在中国封建王朝史上还是第一次。由于朝廷的重视，王祯的《农书》、鲁明善的《农桑衣食撮要》等十几种农业著述也相继问世，延祐元年（1314）出版

青白釉磨
元代景德镇窑制。瓷器中加工工具颇为鲜见，此磨对研究元代加工技术有一定的参考价值。首都博物馆藏。

>>>阅读指南
　彭少辉：《元代的科学技术与社会》。河南大学出版社，2010 年 12 月。
　蔡蕃：《元代水利家郭守敬》。当代中国出版社，2011 年 1 月。

河南登封市观星台

建于元至元年间，是世界上最早的天文建筑之一。元世祖忽必烈统一全国后，命郭守敬、王恂等人进行历法改革，在全国建了 27 个天文台和观测站。

的《农桑衣食撮要》是中国现存最古老的一部月令体裁的农书，出自一位叫鲁明善的畏兀儿人之手。

鲁明善的父亲是高昌回鹘人，通晓印度、中亚、汉、藏等多种语言文字，元世祖时由西域来到元大都从事翻译佛经的工作，并担任过皇太子的老师，是元代著名的翻译家、外交家和学者。鲁明善自幼受到良好的教育，熟练掌握汉语和畏兀儿语。1314 年，鲁明善到寿郡（今安徽寿县）等地任职期间，大力奖励农桑，发展生产。为了帮助农民安排好一年的生产活动，他决心编写一部实用性强、便于农民阅读的农书。在刻苦攻读历代各类农书的同时，他经常深入农

村田间，了解农业生产的规律，收集民间农业耕种的经验和知识，日积月累，终于写成了《农桑衣食撮要》。

《农桑衣食撮要》全书虽然只有一万多字，内容却广泛而丰富。它以农桑为主，兼及园艺、畜牧、竹木、果蔬，涉及各种农产品和畜产品的收贮、加工、制作、烹调技艺，以及与农事活动密切相关的气象、水利等。自问世以来，历代都有翻刻，并以其切合实际的内容和在农业生产中的作用，流传数百年而被完整地保存了下来。

元朝重视农业的另一个表现，是我国古代的植棉业生产一方面由江南向中原地区推进，另一方面自西北今新疆地区向东发展。自南向北和自西向东两条途径推进到中原相会，我国棉花生产实现了"全面开花"。

>>>寻踪觅迹

铁幡竿渠 位于内蒙古锡林浩特元上都遗址西北，由元代著名科学家郭守敬设计建造，将铁幡竿山的洪水引入滦河，是中国北方草原上唯一完整保留下来的古代水利工程。

上海元代水闸遗址博物馆 位于上海延长西路 619 号，位于地下 7 米的遗址展示区近 1500 平方米，较为完整地展示了元代水闸考古遗址的全貌。

52. 陶瓷瑰宝——元代青花瓷器

青花鬼谷下山图罐

2005年7月，号称"天下第一拍"的伦敦佳士得拍卖会上，一件元青花《鬼谷下山图罐》以1568.8万英镑（约合2.3亿元人民币）成交，第二年7月，又一件元青花鱼纹罐以190万英镑的高价拍出。2006年在北京举办的"湖北文化周"活动中，一件元代青花四爱图梅瓶，保险费高达5亿元！

为什么元代青花瓷身价如此之高？传世少是重要原因之一。专家表示，目前世界各大博物馆珍藏的元青花瓷器不足400件。元代青花瓷器在品类纷繁的元代瓷器中，以鲜活、艳丽、明快独树

一帜，堪称陶瓷工艺中的瑰宝。

青花瓷得名于外表的青色花纹。据说这个有些女性化的名字，与一段凄婉的爱情故事有关。相传著名瓷都景德镇的制瓷工匠在元代采用的依然是以小巧的铁刀在瓷坯上刻花的技术，这种工艺单调而费工，有一个叫赵小宝的工匠就想：如果能用笔在瓷坯上画花纹，然后烧制，不是更省事吗？于是，赵小宝就整天琢磨着寻找适合画瓷的颜料，可是屡试屡败。赵小宝的未婚妻廖青花看在眼里，急在心上，就和他一起上山寻找颜料。一天，他们终于在深山里找到

元青花凤首扁壶

北京市西城区旧鼓楼大街豁口元代窖藏出土，首都博物馆藏。

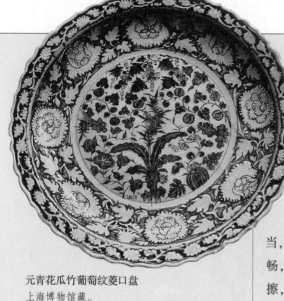

元青花瓜竹葡萄纹菱口盘
上海博物馆藏。

了合适的料石，然而廖青花却因为劳累过度不幸病死在山上。赵小宝悲痛之余，用未婚妻找来的料石，研成粉末，调成颜料，在白中泛青的瓷器上烧出了蓝色的花纹。后来，人们把这种用蓝色花纹装饰的瓷器叫作"青花"，把描绘花纹的彩料叫作"青花料"，以纪念廖青花的贡献。

传说当然不可当真。元代青花瓷器产生于中国陶瓷制造史上的一个巅峰时期——宋代之后，其工艺技术承袭并光大宋代的优秀传统而达到登峰造极的境界，青花瓷从产生的那一刻起，便以其造型精美雄浑、具有独特的魅力而风靡全国，远销海外，成为中国陶瓷生产与出口的大宗商品。

元代青花瓷器以人物故事为装饰题材的最具特色，绘画技法高超，画面小中见大，多表现元代杂剧的故事场景，

开创了全新的视觉领域。人物故事青花瓷器具有几个特点：一是器型较大，都是盖罐、梅瓶、玉壶春瓶等；二是人物故事画面多置于器物中段的主体部位，给人以强烈的视觉冲击；三是绘画技艺高，画面人物比例得当，注重表情刻画，轮廓、衣纹线条流畅，山石、树木等有平涂，有皴（cūn）擦，具有极强的艺术感染力；四是用料纯正，质地细腻，釉色白而匀称。

不仅在绘画用料上，元青花瓷在造型等方面也与宋代瓷器有很大的不同，明显受到北方民族和外来文化尤其是中亚文化的影响，可以说它是多民族文化融合的产物。

>>>阅读指南
朱裕平：《元代青花瓷》。上海科学技术出版社，2010年1月。
［澳］宁志超、李佶：《物华天宝——元代瓷器社会历史文化成因探析》。人民出版社，2007年9月。

>>>寻踪觅迹
江西景德镇　中国著名瓷都，元青花瓷的诞生地。因北宋景德年间烧制贡瓷而得名。有古瓷窑址和陶瓷博物馆、民窑博物馆等众多专题博物馆以及陶瓷城等瓷器交易市场。另外，河北、湖北、安徽、上海等地博物馆和首都博物馆、故宫博物院等均收藏有元青花瓷器。

53. 用树皮造纸币通行全国

北宋交子正副券，两张券合起来才可以兑换现钱

公元 1275 年，意大利威尼斯人马可·波罗到达中国，受到元朝皇帝忽必烈的接见，并把他留在身边作为侍从。马可·波罗在中国生活了 16 年，游历了许多地方，回国后写了《马可·波罗行记》。马可·波罗在书中记述了元朝的繁荣景象，其中有一章以《大汗用树皮所造之纸币通行全国》为标题，向西方首次披露了中国纸币的秘密。

马可·波罗记载，元朝用桑树皮浸泡捣成泥状而后制成纸，把这种纸裁成大小不等的长方形，然后加盖专门管理货币的官吏签押和皇帝的红印，就成为通行全国的货币，包括军饷等都用这种货币给付。官府每年都派人到各地宣传，要求个人把收藏的金银、珠宝、皮革等，换成纸币，价格从优。今后需要金银珠宝时，还可用纸币去向官府买，价格也给予优惠，并保证供应。对于伪造纸币的，一旦发现，将处以极刑。

《马可·波罗行记》问世以来，有很多人对马可·波罗记载的真实性提出了质疑。1982年，在维修呼和浩特市始建于辽代的万部华严经塔（俗称白塔）工程中，考古人员发现了元代中统元宝交钞一张。这张纸币为灰黑色麻桑皮纸，盖朱红大印，面额为"壹拾文"。纸币正中写着："伪造者处死，首告者赏银五定，仍给犯人

>>>阅读指南

戴建兵、陈晓荣：《中国纸币史话》。百花文艺出版社，2006 年 12 月。

［日］高桥弘臣：《宋金元货币研究——元朝货币政策之形成过程》。上海人民出版社，2010 年 4 月。

家产"。纸币左下方有"中统年、月、日"和"元宝交钞库使副判，印造库使副判"的签押。此外，纸币上还有篆体"中统元宝"、"诸路通行"八个字。这张大约在至元十三年（1276）印制的纸币，证明了马可·波罗有关纸币记载的真实性和准确性。

纸币的出现是货币史上的一大进步。统一、稳定的纸币流通，有利于各地区、各民族之间的经济交流，促进了商业的繁荣。其实，元朝并不是最早发行纸币的朝代。有人认为，中国纸币的起源可以追溯到汉武帝时的"白鹿皮币"和唐宪宗时的"飞钱"。汉武帝时由于长期与匈奴作战，导致国库空虚，为解决财政困难，就发行了白鹿皮币，以一方尺的宫苑白鹿皮为材，周边彩绘，每张皮币定值40万钱。由于白鹿皮的价值远远高于皮币的自身价值，并且只是在王侯之间贡赠，并没有用于流通领域，因此还不是真正意义上的纸币。

唐代中期，当时商人外出经商带大量铜钱有诸多不便，于是便先到官府开具一张凭证，持凭证去异地提款购货，这种凭证就是"飞钱"。"飞钱"实质上只是一种汇兑业务，不介入流通，不行使货币的职能，因此也不是真正意义上的纸币。

北宋时期四川成都的"交子"才开始具有纸币的特点。当时四川成都出现了专为携带巨款的商人经营现钱保管业务的"交子铺户"。存款人把现金交付给铺户，铺户把存款数额填写在用桑皮纸制作的卷面上，再交还存款人。存款人需要时提取现金，每贯要支付给铺户30文钱（即3%）的保管费。这种填写存款金额的桑皮券就叫"交子"。

最初交子只是一种存款和取款凭据，而非货币。随着商品经济的发展，交子的使用也越来越广泛，

金贞祐宝券五十贯钞
山西新绛县梁村出土，山西博物院藏。

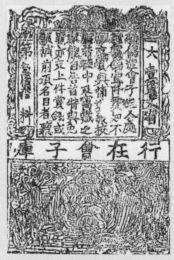

南宋"行在会子库"钞

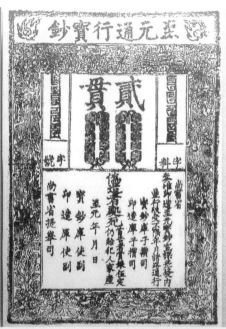

元至元宝钞钞版和样钱

至元宝钞发行于1287年，是继"中统元宝"之后元朝通行全国的主要货币。

许多商人联合成立专营发行和兑换交子的交子铺。交子铺户恪守信用，随到随取，所印交子图案讲究，隐作记号，黑红间错，亲笔押字，他人难以伪造。后来，由于使用量大增，商人们干脆开始印刷有统一面额和格式的交子，作为一种新的流通手段向市场发行，这种交子已经是铸币的符号，真正成了纸币。

交子最早由商人自由发行。宋仁宗天圣元年（1023），朝廷设益州交子务，主持交子的发行，这种"官交子"比西方国家发行纸币要早六七百年，是世界上最早发行的纸币。

由于幅员辽阔，为了便于携带，元朝货币以纸钞为主。元朝币制的最大特点是长期、广泛、大量地发行和流通纸币，这使当时的欧洲人觉得不可思议。马可·波罗在游记里写道："纸币流通于大汗所属领域的各个地方，没有人敢冒着生命危险拒绝支付使用……用这些纸币，可以买卖任何东西。同样可以持纸币换取金条。"元朝还制定了《至元宝钞通行条例》，详细规定了纸币的制作、发行、流通的办法；对伪造纸币的犯罪行为，以伪造的数量、规模来量刑，并对受刑时间、罚没财产数量直至死刑作出明细规定。

>>> 寻踪觅迹

上海博物馆钱币馆　收藏并集中展现了中国货币发生、发展和中外经济文化交流的历史概貌。

54. 艺术奇葩——元曲

有个叫楚州的地方，有一个贫苦的女子叫窦娥，小小年纪就死了母亲，父亲把她卖给蔡家做了童养媳，可没两年，丈夫又病死了，只剩下婆媳二人相依为命。有个叫张驴儿的流氓，欺负她们无依无靠，先逼迫蔡婆婆嫁给他父亲张老儿，又胁迫窦娥跟他成亲。窦娥坚决拒绝，还把张驴儿痛骂了一顿。

有一天，窦娥做羊肚汤给婆婆吃，张驴儿偷偷在汤里下了毒药，想先毒死蔡婆婆，再逼窦娥成亲。不料，蔡婆婆把羊肚汤让给了张老儿喝，张老儿中毒死了。张驴儿把杀人罪名推到窦娥身上。

衙门知府被张驴儿用钱买通，窦娥被屈打成招，定了死罪。临死前，窦娥满腔悲愤咒骂天地不分好歹。当时正是六月酷暑天，当窦娥被杀，霎时就天昏地暗，大雪纷飞……

这个叫《窦娥冤》的元曲作品至今仍家喻户晓，它是元代著名杂剧作家关汉卿的代表作之一。

元曲是元代特有的文学艺术形式，主要指元代戏剧，在当时叫作杂剧，也包括散曲，是一种集文学、诗歌、音乐、戏剧为一体的艺术表演形式。

元曲以杂剧的成就最为突出。元杂

元青白釉镂雕戏台人物枕

安徽岳西县出土。枕身为雕塑戏台，四面有正在演出的人物18个，反映了元代戏剧流行的社会风尚。安徽省博物馆藏。

山西博物院藏金代杂剧砖雕

吹笛、击节板陶俑

吹笛与击打节板是杂剧演出中的伴奏。河南焦作市西冯封村元墓出土，中国国家博物馆藏。

剧是以宋金杂剧为基础，融合唐宋以来的音乐、说唱、舞蹈等技艺而形成的。由于是用北方曲调演唱，元曲又被称为北曲。而元代散曲则是在北方金代俗谣俚曲的基础上发展起来的。

元曲原本在民间流传，被称为"街市小令"或"村坊小调"。随着元灭宋入主中原，元曲先后在以大都（今北京）和临安（今杭州）为中心的南北广袤地区流传开来，涌现出关汉卿、马致远、郑光祖、白朴等著名作家和许多作品。元代不足100年，有名可考的元曲作家就有200多人，有记载可查的杂剧剧本有700余种，流传至今的有200余种，散曲今存小令3800多首、套数450多套。

元朝民族矛盾和阶级矛盾突出，元曲还以深刻揭露社会现实矛盾而著称。如关汉卿把自己看到的、听到的民间悲惨遭遇，写进剧本里，反映了在封建统治下无数含冤受苦的百姓申冤报仇的强烈愿望。他一生著有杂剧67种，比英国

戏剧家莎士比亚的剧作还多一倍，被称为元杂剧的主要奠基人和中国古戏曲的开山大师。

元曲将中国传统的诗词、南北民歌和方言俗语糅为一体，形成了诙谐、洒脱、率真的艺术风格，焕发出璀璨夺目的异彩。元曲和唐诗、宋词一起，成为中国文学史上三座重要的里程碑。

>>>阅读指南

上官紫微：《最是元曲销魂》。石油工业出版社，2010年6月。

刘兴汉、翟利军：《元曲名篇赏析》。吉林文史出版社，2011年1月。

>>>寻踪觅迹

关汉卿故里 在河北安国市伍仁村东北，有关氏陵墓、关家渡、关家桥、普救寺等遗址，并建有关汉卿纪念馆。

马致远纪念地 马致远故居在北京门头沟区王平镇西落坡村，河北东光县建有马致远纪念馆。

激

荡

融

合

明宪宗元宵行乐图（局部）

明朝宫廷画师绘。描绘了明代宫廷庆元宵的情景。中国国家博物馆藏。

55. "驱除胡虏，恢复中华"

元朝是中国历史上第一个在全国领域内居统治地位的少数民族政权，然而，以少临众的蒙古族统治者实行残酷的民族压迫政策，占人口绝大多数的汉族成了蒙古人与色目人驱使的对象，并且由于长期废除科举制度，大批儒生失去晋升渠道和机会，文士地位也空前低下。阶级剥削愈演愈烈，导致民族矛盾和阶级矛盾严重激化，各种反抗活动日益频繁。

元朝后期，皇帝和蒙古贵族都过起奢华的生活，不断收取各种赋税，汉族人民被压迫尤为严重，加上各种自然灾害连续不断，人民无法生活下去，只好揭竿而起。元泰定二年（1325），河南赵丑厮、郭菩萨的起义揭开了元朝灭亡的序幕。元至正十一年（1351），刘福通领导的红巾军起义席卷全国，起义军中出现了一批优秀将领，其中以朱元璋、陈友谅、张士诚等人的实力最为强大。

朱元璋祖籍今江苏沛县，从他的祖父开始定居濠州（今安徽凤阳县）。放牛娃出身的朱元璋17岁时成为孤儿，不得已入皇觉寺为僧。红巾军起义爆发后，朱元璋投奔郭子兴领导的起义军，成为郭的心腹，从此不断扩大自己的势力。至正二十年（1360），朱元璋率领的农民起义军夺取应天（今江苏南京），然后在很短的时间内，火烧陈友谅，殄（tiǎn）灭张士诚，击败其他起义队伍，统一了江南的半壁河山，积聚起足以与元朝对抗的力量。

至正二十七年（1367），朱元璋提出

南京明孝陵神道石刻
明孝陵是朱元璋和皇后马氏的合葬陵墓。

江苏盱眙县明祖陵神道石刻
明祖陵是朱元璋的高祖、曾祖的衣冠冢和祖父的葬地。

了"驱除胡虏，恢复中华"的政治纲领，号召汉族民众起来推翻元朝的统治，把蒙古人和色目人赶出中原，恢复汉族的统治。这个口号对当时深受压迫的汉族各阶层是很有煽动性和号召力的，他们纷纷加入朱元璋的队伍。

1368年正月，朱元璋在应天称帝，建立明朝，并改应天为南京。八月，朱元璋的军队就攻陷元大都（今北京），并改名为北平，元朝在中原的统治宣告结束。

元朝虽然被推翻了，但与辽、金、西夏等少数民族政权不同，末代皇帝元顺帝妥懽帖睦尔既没有战死，也没有自杀，而是率领着王族和剩余的军队退出中原，退到上都（今内蒙古正蓝旗），回到祖先兴起的故地——蒙古高原，继续维持着政权，这个政权史称北元。

退回蒙古高原的蒙古贵族仍然企图

>>>阅读指南

商传：《明太祖朱元璋》。浙江文艺出版社，2013年3月。

马渭源：《大明帝国·从南京到北京——奇特的开国皇帝朱元璋》。东南大学出版社，2008年6月。

缠枝牡丹纹带盖大罐
安徽蚌埠市明朝汤和墓出土。汤和与朱元璋为同乡好友，是明朝开国功臣之一。安徽省博物馆藏。

南京明孝陵方城西影壁出土的建筑构件

重新入主中原，不断组织力量反攻，而为了巩固统治，明朝对北退的蒙古贵族采取征讨和招抚并用的策略，但双方都没能如愿以偿，这样就形成了南北对峙的局面。明朝虽然号称把汉族人从蒙元的压迫下解放出来，但以带有民族歧视色彩的手段来反对民族压迫并没能缓和民族矛盾，反而加剧了民族矛盾，如何防御蒙古族的南下始终是整个明代的头等大事。直到1635年，蒙古林丹汗的妻儿归降后金皇太极，整个漠南蒙古完全纳入后金的版图，蒙古的汗位至此断绝，蒙古高原与中原才再度统一。

南京皇城校尉铜牌
明初南京皇城校尉（卫士）出入皇城的凭证。江苏南京市明宫殿遗址出土，中国国家博物馆藏。

>>>寻踪觅迹
　　明初三陵　分别是南京明孝陵、江苏盱眙县明祖陵和安徽凤阳县明皇陵——朱元璋父母的陵墓。三大陵墓群规模宏大，保留了众多石刻艺术精品。

56. 蒙古族的分裂

历史总是不断分分合合的。雄才大略的成吉思汗和他的追随者建立的蒙古大帝国，可惜只维持了一百多年就土崩瓦解了，蒙古族也重新陷入了分裂。

明洪武元年（1368），元大都（今北京）被明军占领，元顺帝北遁上都（今内蒙古正蓝旗），维持着北元政权。第二年，明军进攻上都，元顺帝被迫逃到应昌（今内蒙古克什克腾旗）。第三年，明军又进逼应昌，元顺帝忧愤成疾而死，他的儿子爱猷识理达腊嗣位。当时应昌已难以立足，爱猷识理达腊率领数十骑突围到哈拉和林（今蒙古国境内），部众五万余人被明军俘虏。

洪武五年（1372），明朝派大将徐达率军攻向哈拉和林。哈拉和林是蒙古黄金家族（即成吉思汗直系一脉）的大本营，一旦被明军攻破，对蒙古族的打击

"太尉之印"

北元爱猷识理达腊时期的官印。故宫博物院藏。

元上都博物馆藏蒙古人的陶祭祀女神

将是致命的，因此，蒙古人的抵抗十分激烈。明军由于战线过长，后援不继，进攻受阻，北元政权得以暂时转危为安。

洪武十一年（1378），爱猷识理达腊去世，他的弟弟脱古思帖木儿继位。这时蒙古各大封建主纷纷称雄割据，脱古思帖木儿已难以控制局势，其领土缩小到蒙古帝国最初兴起时的规模，恢复祖上的荣光毫无可能了。

洪武二十一年（1388），明朝再次发兵15万深入蒙古腹地，大败北元军队，俘获北元皇帝次子、太子妃和公主等内眷100余人、王公贵族3000余人、人口7万余人、牛羊15余万头，还缴获了元朝皇帝使用了上百年的印玺。

银匦
元朝。内蒙古锡林浩特蒙元文化博物馆藏。

迦陵频伽金帽顶
元代蒙古贵族帽顶饰，内蒙古乌兰察布市出土。
分上下两层，上层錾刻四只人面鸟和四位菩萨，
下层为八大金刚形象。

这次失败使北元政权彻底丧失了在蒙古人心中的至高无上地位，蒙古族内部的分裂和权力争夺加剧，成吉思汗的子孙后代互相残杀。阿里不哥的后裔也速迭儿乘机杀死脱古思帖木儿，自称蒙古大汗，但不久他就死了，脱古思帖木儿的儿子恩克卓里克图继位。恩克卓里克图在位一年死了，由他的弟弟额勒伯克即汗位。额勒伯克也得不到安宁，没几年又被人杀害。额勒伯克的儿子坤帖木儿继位当了四年大汗，被窝阔台后裔鬼力赤所杀，也死于非命。明建文四年（1402），鬼力赤改国号为"鞑靼"。至此，苟延残喘了34年的北元政权彻底灭亡，合法的蒙古帝国大汗不复存在，蒙古各部又回到了争夺蒙古大汗宝座的纷争中。另一说法是北元终结于1388年，因为此后蒙古不再使用元朝年号、帝号，元国号被废弃。

蒙古族分裂后，形成东、西两部，加上明初已归附明朝的兀良哈部，共有三大部。东部蒙古属于成吉思汗后裔各部落，居住在今贝加尔湖以南和蒙古国的大部分地区，汉族文献称之为鞑靼；西部蒙古明代称为瓦剌，居住在今蒙古国西部和准噶尔盆地一带；兀良哈聚居在今内蒙古老哈河和辽河流域。

16世纪后期，蒙古各部再度分裂。漠北（今蒙古国境）鞑靼分为札萨克图、土谢图和车臣等部；漠南（今内蒙古）鞑靼分成鄂尔多斯、土默特、察哈尔、喀喇沁、科尔沁等部；兀良哈部则被邻近的其他部落兼并。

>>>阅读指南
班布尔汗：《最后的可汗——蒙古帝国的余辉》。中国社会出版社，2009年2月。
李文君：《明代西海蒙古史研究》。中央民族大学出版社，2008年11月。

>>>寻踪觅迹
查干浩特古城遗址　又叫白城遗址，位于内蒙古阿鲁科尔沁旗北部的阿巴嘎山脚下，北元最后一任大汗林丹汗建都于此。

57. 朱元璋安抚蒙古贵族

洪武二十一年（1388），明太祖朱元璋赐给北元降将纳哈出和他的妻子、部将数量巨大的钱物，包括玉带、金银香带、银钞、白金、文绮帛、皮裘、纱帽等。为什么给一位手下败将这么多的财物？这是朱元璋对投降和被俘的元朝诸王和蒙古官吏实行安抚政策的表现。

元朝朝廷撤往大漠时，元室重臣多随元顺帝逃往北方，继续与明朝对抗，但没多久，不少蒙古贵族、官僚就一批批率众脱离北元政权，南下归附明朝。这有多方面的原因，比如他们眷恋中原的生活，明朝的军事征伐，蒙古统治者的内部矛盾，朔漠地区的经济困难等，但最直接的原因是由于朱元璋采取了争取和安抚蒙古贵族的政策。

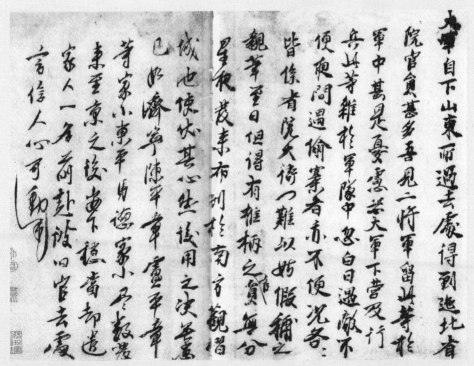

大军帖（局部）

朱元璋写给部将的一封信，告谕他们如何妥善处置军部收降的元朝官员等。故宫博物院藏。

金镶宝石白玉镂空云龙纹帽顶

湖北钟祥市明梁庄王墓出土。帽顶上的饰物及花样是元代区分等级的标志，这种冠帽制度为明代所继承并沿袭至清代。湖北省博物馆藏。

鹘捕鹅玉饰

湖北钟祥市明梁庄王墓出土。鹘是一种专食天鹅脑的小型猛禽，飞速极快，金元时期北方少数民族贵族尤喜养鹘捕鹅。明朝皇族也好鹘捕鹅题材，元文化的影响不言而喻。

明朝初建时，边疆少数民族地区尚待统一，民族矛盾还相当尖锐，退居北方的蒙古贵族仍然控制着大片土地，随时有卷土重来的可能。元朝时大量蒙古族人以驻军、定居、经商的方式落户中原，元朝灭亡后，除了靠近边塞的部分官员和居民就近撤退外，剩余的大部分蒙古族人被俘或投降，仍然留居中原。这些人也担心明朝施行报复，因而心怀疑惧，顾虑重重。

纳哈出是成吉思汗的四大名将之一木华黎的后裔，元至正十五年（1355）

曾被朱元璋的起义军俘获，因为是名臣后代，朱元璋不但没有杀他，还予以厚待，劝他归顺，但他坚决不肯。朱元璋就赠给他很多银两，让他北归元朝。元亡后，纳哈出被任命为丞相，接着又被封为太尉，掌握军权，领兵与明军对峙，朱元璋多次劝他归顺都没有成功。纳哈出还多次出兵攻打辽东地区，但都被明军打败。洪武二十年（1387），20万明军直逼纳哈出的阵地，他见大势已去，只好投降，朱元璋封他为海西侯。朱元璋对纳哈出的争取和安抚，消除了许多蒙古贵族的顾虑。

朱元璋总结历代王朝统治少数民族的经验教训，采取威德兼施的策略。对于不服从统治的民族采取军事征服、镇压，对于臣服的民族给予笼络、恩惠；对蒙古上层贵族采取安抚政策，赐予良田、美宅、官职，对一般蒙古族老百姓也尽量按照他们的生活习惯给予照顾。比如：对元朝的蒙古族官员量才擢（zhuó）用，委以官职，有的还赐给汉族姓名；把归降的蒙古族牧民安

>>>阅读指南

胡凡：《明代历史探赜》。中国大百科全书出版社，2010年7月。

曹永年：《蒙古民族通史》（第四卷）。内蒙古大学出版社，2002年11月。

平遥古城墙

世界文化遗产山西平遥古城有三宝，古城墙便是其一。明洪武三年（1370）变夯土城为砖石城墙时，按照"山水朝阳，龟前戏水，城之攸建，依此为胜"的说法，取神龟吉祥长寿之意，筑为"龟城"。这种基本形制和构造一直保留至今。

置在水草肥美的地方；在蒙古族聚居的地区设立羁縻性质的卫所，让当地归附的蒙古族首领担任卫所长官，按照蒙古族习俗进行管理。

朱元璋即位的第一年曾下诏恢复唐式衣冠，禁止穿少数民族服装、讲少数民族语言和使用少数民族姓氏，许多蒙古人、色目人纷纷改用汉姓汉名。后来，朱元璋觉得这样做不妥，又提倡蒙汉各从其俗，下令禁止蒙古人、色目人更易姓名，已更易者可以改回原来的姓名。朱元璋提倡蒙汉通婚，自己还娶蒙古族女子为妃，不过没有做到完全的婚姻自由，他硬性规定：凡蒙古人、色目人与汉人通婚，务必两相情愿，但是不许蒙古人、色目人自相嫁娶；只有汉人不愿意时，蒙古人、色目人才能自相嫁娶。这一政策遭到了蒙古人和色目人的抵制。

总体而言，朱元璋的政策还是有利于缓和民族矛盾、促进民族交流的。

>>>寻踪觅迹

辽宁开原老城 前身是辽咸州城、金咸平府城、元开元城，明朝避讳"元"字，改名开原，是最早的明代古城之一。附近设有镇北关、新安关、广顺关、青羊关、清河关和山头关等六关，辽东马市、女真马市和鞑靼马市是明与女真、蒙古贸易之所。

山西平遥古城 明朝初年，为防御蒙古族南扰，建筑包砖城墙，后历世皇帝共进行过十多次补修和修葺。清朝进一步修建，使城池更加壮观。迄今仍较为完好地保留着明、清时期县城的基本风貌。

58. 蒙古骑兵助朱棣登基

姚广孝墓塔

位于北京房山区常乐寺村，建于明永乐年间。1399 年至 1403 年，燕王朱棣起兵反叛侄儿建文帝，并挥师南下夺得皇权，明朝的这场内战史称"靖难之役"或"靖难之变"。僧人姚广孝是朱棣的谋士，也是靖难之役的主要策划者之一。

>>>阅读指南

商传：《永乐大帝》。广西师范大学出版社，2010 年 5 月。

赵树廷：《明朝开国六十年》。齐鲁书社，2009 年 9 月。

朱元璋当了皇帝后，为了确保明朝江山千秋万代，想了不少办法，其中之一就是分封诸王。朱元璋共有 26 个儿子，除了皇太子和一个夭折的儿子以外，24 个儿子都先后被封王，加上分封一个兄弟的孙子，明朝总共有 25 个藩王镇守全国各地。

为了使诸王发挥应有的作用，朱元璋规定各王府均设亲王护卫军，人数从数千到数万不等。由于要防御北元，北方诸王的势力最大，镇守大宁（今内蒙古宁城县）的宁王朱权有兵八万，战车六千，还有元朝归顺的蒙古兀良哈部泰宁、福余、朵颜三卫的数千骑兵，封在北平（今北京）的燕王朱棣也拥兵十万。

分封制度容易引起同室操戈、骨肉相残，甚至导致尾大不掉，造成分裂和割据。果然，朱元璋一死，分封之祸就降临了。朱元璋所立的太子朱标早死，继位的是朱标的儿子皇太孙朱允炆，即建文帝。面对功高位重的诸王叔叔们，建文帝非常担心，于是，亲信大臣们给他出点子，让他削除叔叔们的王位。在免除了那些力量较小的藩王后，建文帝着手在北平周围及城内部署兵力，并以防边为名，把燕王的护卫精兵调到塞外戍守，准备削除燕王。

朱棣本来对朱允炆做皇帝就心怀不满，这下削藩到自己头上，极为愤懑。未等大祸临头，他便先下手为强，杀死了朝廷派来的使臣，以"清除皇帝身边的奸臣"为由起兵反叛。这时朱棣手中的兵力已经很少，他想到了握有重兵的宁王朱权，就劝朱权与自己一起造反，并且承诺事成后与之共分天下。朱权不但无意反叛，还劝朱棣不要造反，朱棣便暗中策反了蒙古兀良哈三卫的首领，将朱权及其王妃劫走。夺了朱权的兵权后，朱棣的力量大大增强。

经过四年内战，1403 年，朱棣率领

南京明城墙
始建于元至正二十六年（1366），完成于明洪武末年。历经六百余年的风雨侵蚀和人为破坏，部分城墙保存至今。

大军攻入京城，夺权当了皇帝，年号"永乐"。朱棣进京后，皇宫中起火，建文帝下落不明。有人说建文帝自焚而死；有人说他由地道出逃，落发为僧，云游天下；有的说他寿年而终。到底真相如何，至今仍然是明史一大悬案。

朱棣曾答应把朱权在大宁的封地赏赐给蒙古兀良哈三卫作为报答，但诺言迟迟不予兑现，以致兀良哈三卫不断向南扩张，这也是朱棣后来迁都北上、多次亲征大漠的重要原因。

人头龙盘雕
四川成都龙泉驿区十陵镇明蜀昭王陵出土。有专家认为人头造型是仿明太祖朱元璋的头像而雕。朱元璋第 11 子朱椿被封在蜀地，明蜀王共历 10 世 13 王。在"靖难之役"中，朱棣曾得到蜀王相助，此后明朝历世皇帝都对蜀王恩赏不断。

>>>寻踪觅迹

靖江王府　又称桂林王城，位于广西桂林市中心。洪武三年（1370），朱元璋封他大哥的孙子朱守谦为靖江王，镇守广西和西南少数民族地区。靖江王府建成于洪武二十五年（1392）。桂林尧山西南麓还有朱守谦及其子孙的靖江王陵，共有王亲藩戚墓葬 300 多座，规模庞大，气势磅礴。

59. 明成祖迁都北京

1402年六月，朱棣率领大军渡过长江，来到南京城下，冲入皇宫，大开杀戒，把建文帝的三个兄弟、旧臣、宫女、内侍和他们的家人共一万多人悉数杀害，还将建文帝的母亲幽禁起来。建文帝两个年幼的孩子也没能逃离劫难，一个不知所终，一个被幽闭在广安宫达55年，当被明英宗释放出来时，已变成一个不辨牛马的白痴。只有那些曾为朱棣传递消息的太监才得以在杀戮中幸存。

朱棣如愿坐上了期待已久的皇位。1403年大年初一，朱棣正式宣布启用"永乐"这个充满喜气的年号。由于杀了太多人，建文帝的下落经多方查找始终没有音讯，各种传说沸沸扬扬，朱棣的心头始终有一团阴影，11岁就被封为燕王的他这时更加想念北方。

北方的形势也让朱棣放心不下。明

北京天安门前的明代石狮

灭元后，威胁明朝安全的主要力量仍然来自退守到塞外的元朝残余势力，蒙古贵族一直想打回北平，复辟元朝。朱棣登基不久，洞察朱棣心思的礼部尚书就建议把北平改为北京，迁都北京。这正符合朱棣的心意，于是，在登基的当月，即永乐元年（1403）正月，明成祖下令把北平改为北京，升为陪都，有意提高北京的政治地位，并改北平府为顺天府。

迁都毕竟是一件大事，必须审慎行事。虽然北京地理位置极端重要，并且是元朝的大都，但与南京相比，当时北京有很多劣势：不仅经济上远不及江南的南京，而且迁都后，大量官员、军队驻扎首都及周边地区，北方的粮食不够供应，需要从南方运来，运输是一个很大的问题。因此，在正式迁都前，明成祖做了大量的准备工作。

为了使北京繁荣起来，明成祖多次命令将江苏、浙江、山西等九省大批富足的居民迁到北京，并下令向北京附近大规模移民屯田，五年之内减免赋税，一些军士也被放归北京乡里种田。他还下令把战乱后形成的大量流民组织起来，甚至释放一些囚徒，安置在北京周边地区种田，并给予优待政策，如免费提供耕牛、种子等。同时，又向北京迁徙大批工匠，给他们更多的优惠政策，如诏免税粮、赈济优厚等。经过多年的苦心经营，北京逐渐繁荣起来，初步具备了

北京宫城图

明初北京城俯瞰图。最下方为北京城墙，往上依次为大明门（已不存）、承天门（今天安门）、端门、午门、奉天门（今太和门）和玄武门（今神武门）。承天门外有金水桥、华表和石狮。图中红袍打扮的官人据研究是承天门的设计者蒯祥。中国国家博物馆藏。

大都市的规模，可以与南京相媲美了。

永乐四年（1406），明成祖下令第二年六月正式营建北京宫殿。由于与北元作战，直到永乐十四年（1416），明成祖

>>>阅读指南

万明、张兆裕等：《北京城的明朝往事》。山东画报出版社，2008年1月。

尹钧科：《北京建置沿革史》。人民出版社，2008年10月。

北京城东便门角楼
建于明正统四年（1439），是明代北京城唯一保存至今的角楼。

才得以召集文武大臣讨论营建北京城的方案，第二年营建工程即全面展开。

北京城规划完全按照南京，又比南京更加宏伟壮丽，分为紫禁城、皇城、内城三重。元皇宫大部分宫殿已于明初拆毁，紫禁城皇宫全部重新建造，城周长3000米，墙高10米。皇城在紫禁城外围，周围9000米。皇城外面的大城，由元大都城改建而成。为了便于防御，明成祖决定把北京城北墙南移2500米，缩到今天的德胜门一线；把南墙向南扩800米，从今天安门一线扩至前门。由于后来又增筑外城，所以大城又称内城。

为了建设北京城，朝廷特派大臣到全国各地采集建筑材料。百年以上的珍贵木材，是从湖广、四川、贵州等地采伐，经过千山万水运送到北京的；城砖与墙砖，在山东日夜烧制；宫内铺地的

"金砖"（大方砖），则烧制于苏州。

永乐九年（1411），明成祖命工部尚书宋礼治理运河，派遣12万军队在运河沿线护卫，以保证漕运畅通无阻，解决了南方粮食运输北京的问题。

永乐十八年（1420），北京宫殿建成，明成祖终于完成了迁都盛举，北京从此成为明清两朝的都城，并一直延续至今。迁都北京，对于开发边疆、维护国家统一、促进民族交流有着重大意义，对后世中国的发展也产生了重要影响。

>>>寻踪觅迹
北京明城墙遗址公园　位于北京火车站南侧，城墙长约2000米。明北京城墙全长40千米，始建于明永乐十七年（1419）。由于战争和人为原因，老北京城墙被拆毁殆尽。现存崇文门至城东南角楼一线明城墙遗址是原北京内城城垣的组成部分。

60. 贵州建省

明永乐八年（1410），思南宣慰司（今贵州思南县）宣慰使、土司田大雅死了，他的儿子田宗鼎袭承官职，从此思南宣慰司就不得安宁了。田宗鼎与宣慰副使黄禧不和，长年互相攻讦，还不断向朝廷告状。明成祖朱棣为了缓和他们之间的矛盾，把黄禧调走。二人虽然分开了，但是仇怨未消。

不久，田宗鼎与思州（今贵州岑巩县）宣慰使田琛为了争夺朱砂发生冲突，田琛联合黄禧率兵攻打思南。田宗鼎战败，携带家眷逃走，但弟弟被杀，母尸遭戮，连祖坟也被毁，田宗鼎向朝廷投诉。

为了弄清事情的真相，朱棣命令田琛、黄禧到京城说明情况。田琛、黄禧估计入京不会有什么好结果，拒不从命。

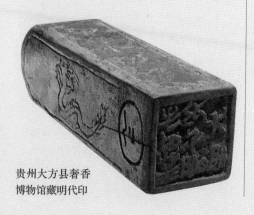

贵州大方县奢香博物馆藏明代印

朱棣就派镇远（今贵州镇远县）侯顾成率领精干士卒趁夜色潜入思南城和思州城，将田宗鼎、田琛、黄禧等人全部逮捕并押送京师。朱棣认为，朝廷当初设立土司，是想让少数民族自己管理当地事务，不料却为害百姓。田琛大逆不道，联合其他土司妄自开战，杀戮无辜百姓，对抗朝廷；田宗鼎灭绝人伦，凶恶不驯。他们的罪恶都不可饶恕，于是，田琛和田宗鼎被处决。

永乐十一年（1413），明朝下令按照内地各省的建制模式，废除思州、思南两个宣慰司，在其地设置铜仁、镇远、

>>>小贴士

承宣布政使司 简称布政使司、布政司、藩司，为明朝的地方行政机构，前身即元朝的行中书省（行省）。布政使司设左、右布政使各一人，是地方最高的行政长官。一省的司法、军事则分别由提刑按察使司与都指挥使司管辖。布政司、按察司、都司合称为"三司"。

清朝沿袭明制，保留各布政使司，但布政使司辖区直接通称为"行省"，并在各省布政使之上设置固定制的总督、巡抚，掌管全省军民事务。布政使成为巡抚属官，专管一省或数个府的民政、财政、田土、户籍、钱粮、官员考核、沟通各府县与督抚的关系等。

黎平等八府，由朝廷直接任命外来官员做长官，彻底结束了田氏土司统治黔东地区几百年的历史。同时，设立贵州布政使司，把原来分属云南、四川、湖广的一些州县，统一划归贵州管理。第二年，又设置贵州按察使司。这样，连同贵州都指挥使司，分掌全省行政、司法、军事的"三司"机构就健全了。

明成化年间彝族土司铸钟
贵州大方县奢香博物馆藏。奢香是明代贵州著名的彝族女土司，洪武初年代袭贵州宣慰使职，开驿道、靖边乱、识大局、有贤名，为加强彝汉团结、密切西南地区与中原朝廷的关系贡献卓越。今贵州大方县有明代奢香墓等相关文物。

贵州省的设置表面上看是土司之间的不和引起朝廷不满，其实是到了明朝，为了统一南北，巩固西南，贵州位置的重要性开始凸显出来的一个必然结果。

贵州是一个多民族聚居的地方，苗、布依、侗、彝、仡佬、水、土家、瑶等民族的先民明朝前就世居在这片土地上。在明代建省之前，贵州一直没有统一的行政建置，那个自称最大的夜郎国只是先秦到西汉时期今天贵州省的一部分，元代贵州分属四川、湖广、云南三省。贵州一直没有单独建省，原因主要有两方面：一方面，贵州山高谷深，交通不便，经济社会发展长期滞后，民族众多，郡国纷立，没能出现足以统辖全境的强大地方民族政权，更没有产生足以威胁中原的地方军事政治力量；另一方面，贵州远离中原，却又既不沿边，也不沿海，在中央政权与四边少数民族地方政权的关系中，从来不占最重要的地位。历代中央王朝对贵州主要实行羁縻制和土司制这种松散的间接统治。

明初，元朝分封的梁王还盘踞在云

>>>阅读指南

胡进：《土司述略》。贵州人民出版社，2013年1月。

中共贵阳市乌当区委宣传部、贵阳市乌当区文联：《水东·洪边宋氏——贵州大土司文化探寻》。贵州教育出版社，2012年12月。

贵州镇远古城祝圣桥

原名舞溪桥，始建于明洪武二十一年（1388），由镇远土司思南宣慰使田大雅与镇远土知州何惠同奏请朝廷修建。后因田氏土司内斗导致改土归流，修桥半途而废。明万历三十七年（1609）续修，直到崇祯元年（1628）才告竣工，前后历经约250年。

南，不肯臣服。朱元璋要进攻云南，从贵州走最为便利；统一云南后，为了巩固西南边疆，也需要保持这条路线的畅通。因此，朱元璋一方面笼络和安抚贵州当地的少数民族首领，另一方面让大批南征兵力驻守贵州，推广屯田，把军事控制与农业开发结合起来，并于洪武十五年（1382）在贵阳设立了军事领导机构——贵州都指挥使司，为贵州建省做了准备。

明朝刚刚建立时在贵州继续实行元代的土司制度，随着中央集权的加强和当地经济的发展，土司制度的弊端越来越突出。当时贵州势力最大的两个土司就是思州宣慰使田琛和思南宣慰使田宗鼎。从祖辈起，这两家就为争夺地盘结

下了冤仇，经常兴兵互相攻杀，搞得生灵涂炭，民无宁日。永乐年间田琛和田宗鼎又打得不可开交，明成祖朱棣乘机果断下令改土归流，使贵州成为全国第13个行省。

贵州建省，结束了大小土司各自为政的局面，政制与中原并轨，随着大批外地官员到贵州任职和屯田制度的推行，贵州人口的民族结构大大改变，各民族的交流也随社会、经济、文化的发展加强了。

>>>寻踪觅迹

贵州镇远古城 舞阳河穿城而过，将古城切为府、卫两城，两城都是明代建筑，至今基本保存完好。

61. "永宁寺记"碑诉说的故事

在俄罗斯远东的符拉迪沃斯托克（海参崴），有两块用汉文、女真文、蒙古文镌刻铭文的古石碑，即"永宁寺记"碑和"重修永宁寺记"碑。虽然时过境迁，它们已经不属于中国，但它们作为明朝统治、治理中国东北和黑龙江下游奴儿干地区的历史见证，却永远改变不了。

明朝的东北地区原来是元朝的辽阳省，这里居住着女真、蒙古、汉、锡伯、鄂温克、鄂伦春、达斡尔等民族的先民。

明朝对少数民族采取招抚政策，东北和黑龙江下游奴儿干地区的许多元朝旧臣纷纷率部向明朝称臣纳贡。洪武年间，明朝在东北的势力最远只达到松花江、牡丹江及牙兰河一带。洪武四年（1371）二月，明朝在今辽宁大连设置辽东卫指挥使司，同年七月改置定辽都卫，洪武八年又改置辽东都指挥使司，管理东北地区的军政事务。至洪武二十一年，除居住在黑龙江下游的少数民族与明朝廷还没有联系外，东北大部分地区已被明

"永宁寺记"碑
俄罗斯符拉迪沃斯托克市阿尔谢涅夫博物馆藏。

"重修永宁寺记"碑
立于俄罗斯符拉迪沃斯托克市滨海边区国际中心室外展区（彼得大帝街路旁）。

秃都河卫指挥使司印

秃都河卫属奴儿干都指挥使司，明永乐六年 (1408) 设立，治所在今吉林蛟河市东北屯河畔。故宫博物院藏。

朝统一。

明成祖迁都北京后，除了征抚北元外，也加强了对东北地区的管理和开发。永乐元年 (1403)，为了完全统一黑龙江地区，明朝派邢枢等人到达奴儿干地区，对居住在黑龙江下游的吉烈迷等部落进行招抚。第二年，朝廷即决定在奴儿干地区建立卫所。永乐九年 (1411) 春，明成祖又派遣官兵千余人，乘 25 艘船，到达黑龙江口的特林 (在今俄罗斯境内) 进行巡视，并正式设置奴儿干都指挥使司。永乐十年冬，钦差大臣亦失哈再次巡视奴儿干地区，邢枢从行，他们将携带的大批衣物与粮食赏赐给当地及海外苦夷 (今库页岛) 的居民。明朝在奴儿干设置相当于省一级的机构——奴儿干都指挥使司，有效地管辖黑龙江、松花江、乌苏里江流域的广大区域，下设众多卫、所，分布在西起鄂嫩河，东至库页岛，南濒日本海，北抵外兴安岭的广阔地区。

1413 年，明朝在特林附近建永宁寺，立碑刻《永宁寺记》碑文。宣德七年 (1432)，亦失哈和都指挥康政又一次率领官军两千，乘 50 艘船巡视奴儿干都司。这时永宁寺因年久失修毁坏，亦失哈下令重建，并再次立碑刻《重建永宁寺记》碑文。两块碑文除了记载奴儿干都司建置以及明朝官员巡视的经过外，还记载了明朝在女真、吉里迷、苦兀等民族地区设立的卫、所和职官，以及这些民族的朝贡和明朝的赏赐情况。后来，永宁寺旧址在近代被俄罗斯侵占，永宁寺荡然无存，两块碑被搬进了俄罗斯符拉迪沃斯托克市的博物馆，成为中国人心中一个难以忘怀的痛。

>>>寻踪觅迹

王景泽、李德山主编：《中国东北边疆史》。吉林文史出版社，2011 年 7 月。

佟冬主编：《中国东北史》（第三卷、第四卷）。吉林文史出版社，2006 年 1 月。

>>>寻踪觅迹

吉林明清造船厂遗址 位于吉林省吉林市丰满区阿什村，现存两块摩崖碑刻，记载了明骠骑将军、辽东都指挥使刘清三次率领数千官兵、工匠来吉林造船的具体时间。附近建有明清船厂历史陈列馆。永乐七年 (1409)，明朝在松花江之滨今吉林市设置造船基地，专门建造运载官兵、粮草和赏赐品、贡品的船只，同时作为官兵、粮草的转运站，吉林成为加强辽东都司与奴儿干都司联系的纽带。

62. 茶马贸易走入"羊肠小道"

茶作为生活必需品，首推藏族，藏族人对茶可以说是至爱至嗜。可是藏族地区并不出产茶叶，必须通过贸易来获取，因此就有了茶马互市。明朝与北方蒙古政权对立，需要大批战马。看准藏族对茶叶的高度依赖，明朝紧紧抓住了茶叶输边的控制权，不仅继承宋朝把以茶易马当作国策，而且把茶叶当成国防资源严加控制，实行高度垄断经营，同时督促甚至强迫农民"男废耕、女废织"，夜以继日地加工茶叶。

明朝法律规定：凡私自把茶叶贩卖给牧区少数民族的，或官员把关不严造成没有经过批准的茶叶卖到少数民族地区的，都要凌迟处死。为了防范私茶交易，明朝甚至限制老百姓饮茶，老百姓家里的茶叶超过一个月的饮用量，就要被当作违法行为，形成了中国边疆茶马互市史上控制最严厉的时代。

为了控制茶叶的产销，明朝从洪武初年就规定，靠近青藏高原的陕西汉中和四川地区茶树种植户，每种十株茶，要交一株茶叶的产量给官府。对于无主的茶园，由军队士兵采摘，80%交给官府用于交换少数民族的马匹。

明朝建立了一套执行茶法的庞大官僚机构来保证茶叶的征收、储运、加工和以茶易马的运转。仅洪武到正统年间，就先后在今成都、雅州（今四川雅安市）、西宁等地设立了八个茶马司，强制每个地方的少数民族必须与明朝交换多少马匹，还要凭明朝发给的"金牌信符"，按照规定

四川雅安茶马古道雕塑

茶马古道上至今仍保存着众多古村古镇

的贱马贵茶的比价实行不等价交换。明朝每三年派人招集西北地区的回、吐蕃、蒙古等民族的首领，合符交马一次。茶马比价，最初议定为：每匹上等马换茶60千克，中等马换茶35千克，下等马换茶25千克。在每三年一次的互市活动中，约以50余万千克茶叶换回1.38万匹马，每年平均获马4600匹。

不平等的垄断贸易，既抑制了茶业生产，少数民族也不愿以低于茶叶十余倍的比价来互市马匹。汉族与少数民族互市的窗口被缩小，给少数民族的生活带来很多不便，受到了广泛的抵制，茶马司顿时门庭冷落，库茶积存日久，无人问津。永乐八年（1410），茶马司不得

不自动取消官定茶马比价。到弘治年间（1488~1505），明朝不得不暂时将马价调高，以一匹中等马换茶叶50千克。但到了万历年间（1573~1620），明朝又将茶价调高，用20千克茶换一匹中等马。

明代的茶马互市始终服从于政治的需要，不平等交易限制了贸易的发展和民族的进一步交流，本来可以发展成为"阳关大道"的茶马古道在明朝却一直仅仅是一条"羊肠小道"。

>>>寻踪觅迹

明代茶马司遗址 位于四川雅安市名山区新店镇。1371年，明朝在秦（今甘肃天水）、洮（今甘肃临潭）、河（今甘肃临夏）和雅（今四川雅安）四州设了四个统管茶马交易的茶马司，只有雅安茶马司遗址保留至今。

四川雅安市 中国南路边茶主产地及川藏茶马古道的起始地、世界茶文化的源头和人工种植茶叶的发源地，蒙顶山贡茶已有一千多年历史。蒙顶山是茶文化圣山，上里镇、望鱼镇等都曾是茶马古道的重要驿站，至今古风犹在。

>>>阅读指南

李连利：《白银帝国——翻翻明朝的老账》。华中科技大学出版社，2012年5月。

王晓燕：《官营茶马贸易研究》。民族出版社，2004年7月。

63. 培养和使用双语人才

大明混一图

明洪武年间世界地图。以明朝版图为中心，东起日本，西达欧洲，南括爪哇，北至蒙古。全图没有明显的疆域界限，仅以地名条块的不同颜色来区别内外所属。图中着重描绘了明朝各级治所、山脉、河流的相对位置，镇寨堡驿、渠塘堰井、湖泊泽池、边地岛屿以及古遗址、古河道等共计一千余处。中国历史档案馆藏。

阿拉伯文带座铜炉

明正德年间制，是明朝廷送给清真寺的礼物。中国国家博物馆藏。

永乐年间的一天，明成祖亲自召集国子监的学生开会，动员他们报名学习少数民族和周边国家的语言文字。国子监是当时官府管理教育的机构和最高学府，进国子监学习的学生将来升官的可能性很大，大家觉得学习少数民族语言文字没什么前途，不利于升大官并光宗耀祖，尽管皇帝亲自来动员，报名者仍然寥寥无几。这使明成祖很没面子，他大发雷霆，扬言要让这些学生蹲大狱。经大臣杨荣求情，并表示一定会选拔最优秀的人才来学习少数民族语言文字后，这些学生才免受处罚。

原来，随着明朝与少数民族和周边国家的频繁往来，建立一个专门译写少数民族和外国文字的机构，培养相关的人才成为当务之急。永乐五年（1407），明朝设立四夷馆，分蒙古、女真、西番、西天、回回、百夷、高昌、缅甸等八个馆，后来增加八百（位于今泰国北部的一个王国）、暹（xiān）罗（古泰国）二馆，共十个馆，培训、翻译的语种，基本上包括了当时与明朝往来最频繁的边疆各民族和亚洲国家诸民族的通用语。明朝发往边疆各民族的文件、命令，要

阿拉伯文香炉
明朝。甘肃省博物馆藏。

先由四夷馆译成该民族的语言文字；各民族传给明朝的文件、报告，也要由四夷馆译成汉文后呈报朝廷。

为了网罗那些既懂得少数民族语言文字，又精通汉语言的人才，明朝十分重用留居内地的少数民族人才，给他们封官。回鹘人哈只精通西域文字，做了掌管外交的鸿胪寺的官，明宣宗还赐给他一个汉名，叫李诚。另一个回鹘人昌英，在翰林院做翻译时，多次作为使者出访，得到皇帝赏识，被提拔到后军都督府任职，掌管呈递奏章、传达皇帝旨意事宜。

四夷馆设立之初，学生从举人和国子监的学生中选拔，毕业后享受进士待遇，但招生还是比较困难。后来改为从一般的读书人里招生，才有了充裕的生源，甚至出现教师违例招收计划外学生的现象，可见它对于中下层人家的子弟还是很有吸引力的。

设四夷馆，用正规的办法培养通晓各民族语言文字的人才，是一个创举，对促进中原王朝与境内各民族、境外各国之间的交流起了积极作用。

>>>阅读指南

高华丽：《中外翻译简史》。浙江大学出版社，2009 年 8 月。

当年明月：《明朝那些事儿》（第二部）。中国友谊出版公司，2007 年 1 月。

>>>寻踪觅迹

北京国子监　位于北京安定门内国子监街，始建于元朝大德十年（1306），是元、明、清三代国家管理教育的最高行政机构和最高学府。

64. "娶夷婆，变夷人"

明人绘沐英像

沐英是朱元璋的义子，南征北战，屡建奇功，后来留镇云南，被封为黔国公，死后追封黔宁王。沐氏子孙世守云南达260余年，为云南的稳定、发展做出了重要贡献。

"娶夷婆，变夷人"，这是云南德宏一带从明朝正统年间流传至今的一句民谣，意思是娶了少数民族的妻子，自己受少数民族影响，变成了少数民族的一员。

正统年间，明朝对云南麓川（今瑞丽市、陇川县）傣族思氏土司进行三次大规模征讨之后，大量内地汉族官兵在当地安家落户，娶当地少数民族女子为妻，繁衍后代，开启了这一地区汉族与少数民族关系的新时代。

麓川远离中原政治中心，是一个以傣族为主体，包括景颇、阿昌、傈僳、德昂等少数民族的多民族地区。早在南宋绍兴三十年（1160），傣族思氏就在这里建立了政权。元朝统一云南后，先后设置了麓川军民总管府和麓川平缅宣慰使司，都任命思氏为长官。思氏土司是元明时期云南傣族最强大的封建领主。明朝中叶，思氏的势力迅速崛起，通过大规模的土地兼并战争，建立起强大的地方政权。极盛时期，麓川政权势力范围北至永昌（今云南保山）、大理，南至勐润（今泰国），西达今印度阿萨姆邦，东至勐老（今老挝）。

麓川政权的扩张，对中央王朝的权威构成了严重威胁，引起了中原朝廷的极大不安。元朝曾数次派出大军，企图消灭思氏土司，但都没有成功。明初云

黔宁王遗记金牌

南京江宁区将军山明朝沐睿墓出土。反面刻："凡我子孙，务要忠心报国，事上必勤慎小心，处同僚谦和为本。特谕。慎之戒之。"沐睿是沐英的后代。南京市博物馆藏。

镶宝石金发冠

云南昆明市呈贡区沐氏家族墓出土，云南省博物馆藏。

南统一后，思氏土司看到明朝军队来势凶猛，不得不臣服。明朝设置了宣慰使司，仍以思氏首领为宣慰使。思氏并不甘心对明朝服服帖帖，不时进行反抗，但很快被正值强盛的明朝镇压下去。

到了明英宗正统年间，随着北方瓦剌对明朝的威胁与日俱增，南方一些少数民族不断起来反抗朝廷和土司的双重压榨，民族矛盾越来越尖锐。麓川土司思任发趁机扩张地盘，于正统二年（1437）十月起兵反明，一路烧杀掳掠，并自称滇王。1439年春，明英宗命镇守云南的军队进行讨伐，思任发抵挡不住，派人假装向明朝进贡，作为缓兵之计。

正统六年（1441）正月，明朝征调四川、贵州、湖广、南京的军队15万人，由蒋贵、王骥率领，长途辗转，征讨麓川。思任发急忙渡江逃往缅甸，等明军撤退后，又回来组织抗明活动。第二年十月，明英宗又命令蒋贵、王骥率部队征讨麓川，把叛军打得大败，但思任发还是逃脱了。正统十三年（1448），明英宗征调南京、直隶及云南、湖广、四川、贵州等地的汉族和土司兵13万，第三次派王骥征讨麓川，虽然打败了这时掌权的思任发儿子思机发，但新拥立的思任发儿子思禄继续与明朝对抗。

明朝这三次出兵，虽有斩获，但是耗费了大量的财力、物力，伤亡也十分

>>>阅读指南

　　段红云：《明代云南民族发展论纲》。人民出版社，2011年9月。

　　陆韧、凌永忠：《元明清西南边疆特殊政策研究》。人民出版社，2013年2月。

云南云龙县诺邓村

自南诏以来近 1300 年村名一直没有改变，素有"九杨十八姓"的说法。自元、明以来，南京、浙江、福建、湖南、江西、山西等地移民或因经商、或因仕宦之故迁于此，与当地原住民融汇结合，形成了现有居民诸家族。村中保留着明朝提举司衙门、万寿宫等大量明清建筑，村中本主庙供奉的本主是明朝三征麓川的将领王骥。

惨重，分散了对付北元的力量。明英宗意识到不可能彻底平定麓川，只好与思禄签订和约，约定并刻石于江边："石烂江枯，尔乃得渡。"意思是直到石头变土，江水干涸，思氏的势力才可以越过江岸。"石烂江枯"当然是不可能发生的事情，这只是为了表明双方互不侵犯的坚定决心而已。于是，明军班师，第三次征讨麓川之役遂告结束。

麓川战役之后，明朝采取分而治之的手段，将原麓川政区分割，先后设立了七个土司政权，互不统属，只听命于朝廷。此后五百余年，当地各民族处于一个安居乐业的和平环境之中，随着大量汉族人前来定居，汉族文化在这块偏远之地越来越深地扎根。

有趣的是，麓川战役之后，"南京应天府"在祖国西南边陲一下子成为叫人羡慕的、让人产生无比荣耀感的地名，不仅汉族官兵的后裔一致认为他们的祖先是从"南京应天府"（今河南商丘南）随明朝大将王骥南征而来的，就连梁河南甸傣族土司及盈江干崖傣族土司竟也说自己的祖先是"南京应天府"人，并郑重其事地写进家谱之中。

麓川战争是云南德宏傣族历史的一个重要转折点，这一地区的民族交往和融合从此进入一个新时代。

>>>**寻踪觅迹**

明代平麓城遗址 位于云南瑞丽市瑞丽坝与勐秀山相交的台地上。"平麓"的含义之一就是明初平定、撤销麓川宣慰使司，但主要是为防御缅甸东吁王朝的侵扰。

南甸宣抚司署 位于云南梁河县遮岛镇。南甸土司头人刀氏龚姓，原籍南京应天府上元县，明初随军征讨云南，后定居于此，世袭为官 28 代，历时 500 余年，成为汉傣文化融合的典范。司署驻地曾几易其址，清咸丰元年（1851）定居现址。

65. 明朝与蒙古瓦剌争夺哈密

在明朝的恩威并用之下，元朝的残余势力和边疆地区的少数民族首领都逐渐成为明朝的藩属，他们构筑起一道新的藩篱，拱卫明朝边疆的安全。正是在这样的背景下，洪武二十五年（1392），哈密王兀纳失里与明朝建立了贡纳关系。永乐二年（1404），明成祖朱棣封哈密安克帖木儿为忠顺王。永乐四年，为了统辖西域，明朝在哈密建立了行政、军事机构——哈密卫。明朝还册封西域其他

长城工牌

甘肃嘉峪关北长城夯土层出土。记载了明嘉靖十九年（1540）七月该处长城工程的开工和完工时间以及修筑者的姓名。说明当时长城修筑采用了分工承包的方式，工牌是查验长城工程质量责任问题的凭证。

各部首领为王，管理本部事务。

哈密地处今新疆东部，是丝绸之路的要冲，也是往来西域与中原的交通咽喉，是回回、畏兀儿、哈剌灰（信仰伊斯兰教的瓦剌人）等多民族聚居的地方，周围的各种势力都企图控制这一地区。自哈密卫设立后的一百多年间，瓦剌、吐鲁番等地方政权和明朝展开了对哈密的激烈争夺。

首先与明朝争夺哈密的是瓦剌。瓦剌是明朝对西部蒙古各部的称呼，包括许多古老的蒙古语部落和突厥语部落。明朝初年，瓦剌各部与明朝保持比较好的关系。永乐七年（1409），明朝就册封瓦剌首领的三个儿子为王，但到了脱欢统一瓦剌各部，势力大增后，与明朝的关系开始恶化。为了争夺哈密，永乐十九年，瓦剌贤义王太平等侵入哈密。脱欢还主动把女儿许配给哈密王卜答失里，

>>>阅读指南

阿迪力·穆罕默德：《古代哈密》。新疆人民出版社，2008 年 11 月。

田卫疆：《丝绸之路吐鲁番研究》。新疆人民出版社，2009 年 9 月。

企图以此控制哈密。脱欢的儿子也先继位后，公开与明朝争夺哈密。明正统八年（1443），也先率军围攻哈密城，掳掠大量人口及牛、马、骆驼等牲畜，还俘虏了哈密王的母亲和妻子。哈密王多次派使者向瓦剌求情，表示与瓦剌和好后，他的母亲和妻子才被释放。刚过三年，也先又再次将哈密王的母亲、妻子和弟弟劫往瓦剌，哈密王亲自去见也先后，也先赐给哈密王母亲和哈密卫的头目一些礼物，归还所掠人口六百余人，借此拉拢哈密上层人士。这样，哈密逐渐断绝了与明朝的关系，被瓦剌控制。

元朝末年，成吉思汗第七代孙秃黑鲁帖木儿在今新疆阿克苏地区被拥立为汗，历史上把他统治的地区称为东察合台汗国。瓦剌衰弱后，东察合台汗国控制了吐鲁番，与哈密为邻，成为与明朝争夺哈密的一支新力量。成化十八年（1482），明朝曾出兵重新控制了哈密，但吐鲁番王假装与哈密王建立姻亲关系，诱杀了他，夺得哈密的控制权。为了迫使吐鲁番归还哈密，明朝对其实行经济封锁，使之无法得到纺织品、铁器、药品等生活必需品，吐鲁番不得不于弘治四年（1491）把哈密归还给明朝。但吐

甘肃嘉峪关关城建筑构件

明代长城卫兵腰牌

鲁番反复无常，只过了两年，就再次攻占哈密，明朝只好出兵夺回哈密。吐鲁番也不甘示弱，派兵反攻，掳掠明朝立的哈密王陕巴，哈密控制权再次易手。

明朝立即断绝了吐鲁番的进贡，弘治八年（1495），在甘肃巡抚和总兵的组织下，明朝用武力夺回了哈密，但由于后援跟不上，只好撤军。随后，在明朝军事和经济的持续打击下，弘治十年，吐鲁番被迫送还哈密王及所掠人口，明朝也将逃到嘉峪关内的两千多哈密人送回，并给予牛具、种子、布匹、粮食等，让他们重建家园。可是，没有安宁几年，弘治十八年，在吐鲁番的威逼下，当时的哈密王拜牙投靠吐鲁番，哈密又一次失守。

此后，明朝不断派员试图收复哈密，始终没有成功。随着明朝边防走上消极防御的老路，原本在蒙古族地区和西域占领的军事要塞也逐渐被放弃，失去了直接控制西域的能力，曾经人马喧嚣的丝绸之路至此彻底中断，作为交通要道的甘肃也渐渐陷入贫困中。可以说，对哈密的争夺也反映了明朝兴衰的历史。

>>>寻踪觅迹

甘肃嘉峪关　明长城的西端起点，关城始建于明洪武五年（1372），1540年完工，明朝军队与吐鲁番兵曾在此数次交战。今关城边建有长城博物馆。

哈密丝路烽火台　新疆的烽火台遍布天山南北，它们与丝绸之路中道、北道走向一致，起到护卫丝路畅通的重要作用。哈密尚存历代烽火台51座，是新疆保存烽火台最多和最好的地区。

66. 多封众建　因俗治理

洪武二年（1369），明太祖朱元璋派大将军徐达和邓愈率军西进，占据并稳定今陕西一带的局势，然后派人到吐蕃腹地向当地政教首领说明元朝的统治已经被推翻，要求他们上缴元朝颁发的印信，换取明朝的印信，归附明朝，但许多吐蕃政教首领依然持观望态度，没有马上归附。

洪武六年（1373），元朝封的最后一位帝师喃加巴藏卜亲自带队赴南京朝贡。朱元璋意识到，搞好接待与安抚工作对于其他吐蕃首领将产生重大影响。

明朝不仅给予高规格的隆重接待，授予喃加巴藏卜"炽盛佛宝国师"，赠给美玉制成的印玺以及大量绫罗绸缎，喃加巴藏卜向明朝推荐的60名原元朝官员也都予以任用。消息很快传遍吐蕃地区，那些处于观望状态的吐蕃政教首领纷纷归顺明朝。

元末明初，由元朝扶持的藏传佛教萨迦教派势力逐渐衰弱，其他教派日趋强大，吐蕃地区四分五裂，一盘散沙，宗教和政治紧密结合在一起，宗教领袖同时也是行政长官，教派林立，各据一方。明朝改变了元代对吐蕃的治理方式，废除了元朝管理吐蕃及其他民族地区的宣政院和帝师制度，对不同地区的吐蕃人采取了不同的政策，直接实行多封众建，因俗而治。

元代在吐蕃设立朵思麻、朵甘思、卫藏阿里三大行政区域进行统治，明朝借鉴这一经验，设置了朵甘都指挥使司和乌思藏都指挥使司，分别管辖原

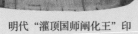

明代"灌顶国师阐化王"印

明成祖朱棣给乌思藏噶玛噶举派尚师哈立麻的书信

哈立麻在永乐五年（1407）奉旨晋京朝觐，明成祖封其为"大宝法王"，位列明代三大法王之首，这一封号从此为噶玛噶举派世袭。

元朵甘思和卫藏阿里地区，下设宣慰司、招讨司、万户府、千户所等行政机构，由朝廷任命当地人担任首领进行直接统治，并设立军事卫所，军政合一，卫所正职由朝廷派遣，副职由当地人担任，互相配合管理当地事务。原元代朵思麻地区吐蕃、蒙古、汉、回等民族杂处，明朝设西宁、河州、洮州、岷州等卫进行管辖，使用西宁卫、河州卫等名称，不再用"朵思麻"名称，因这一地区邻接青海湖，又习称为"西海"。

根据当时吐蕃教派林立的特点，明朝给具有实力的教派首领赐加封号，僧官职位最高者为"法王"。明朝先后敕封

过三大法王，即大宝法王（噶玛噶举派黑帽系）、大乘法王（萨迦派）、大慈法王（格鲁派）。三大法王因从事传法无一定的驻地，其封号由师徒或转世相传承，无须听候朝命，修贡也无定期。次于法王的职位是"王"，明朝先后敕封过五王，即阐化王（帕竹噶举派）、赞善王（噶玛噶举派）、护教王（噶玛噶举派）、

>>阅读指南

罗广武：《简明西藏地方史》。西藏人民出版社，2008 年 6 月。

徐志民：《西藏史话》。社会科学文献出版社，2011 年 9 月。

明朝册封给止贡噶举派首领的阐教王印　　明成化二十一年（1485）封授戒定善悟灌顶国师之印

辅教王（萨迦派）、阐教王（止贡噶举派）。五王都是领有份地的政教首领，承嗣必须上报朝廷，由朝廷派官员前往册封。此外，明朝还封过西天佛子、大国师、国师、禅师、都纲、喇嘛等各种僧官名号，均由朝廷颁授印信、号纸。吐蕃各部可单独派遣使者赴京师向朝廷进贡土特产，以此换取丰厚的回赐。

明朝的这些措施，改变了以往吐蕃地方大首领包揽同朝廷直接进行政治、经济、文化交往的权利，给各地的大小部落首领提供了向朝廷直接通贡的机会。各地部落首领都力图保持与扩大自己的势力范围，以便增强同内地进行贡市的经济实力，得到封官晋爵，在族人面前显示自己的尊荣，提高威望，对于维护国家统一和民族交流起到了很好的促进作用。

当时乌思藏（今西藏）大部分地区为藏传佛教噶举派帕竹系建立的帕竹地方政权所控制，明朝就势倚重帕竹政权施治。明洪武五年（1372），朱元璋封帕竹派首领释迦坚赞"灌顶国师"名号，并赐玉印。永乐四年（1406），明成祖朱棣封第五代帕竹政权执政者扎巴坚赞为"灌顶国师阐化王"，赐玉印、白金、巴茶等物，位列明朝敕封的"五王"之首。"灌顶国师阐化王"这一封号为历世帕竹派首领所承袭，直到明朝终结。

明朝对吐蕃的管理，进一步巩固了元朝统治吐蕃的成果，使吐蕃与祖国紧紧地联系在一起。

>>>寻踪觅迹

丹萨替寺　位于西藏桑日县，是藏传佛教帕竹噶举派祖寺。帕竹噶举派第二大寺院为泽当寺。

拉加里王宫遗址　位于西藏曲松县，是吐蕃王室后裔势力在历经萨迦和帕竹政权后保留下来的王权象征。现存建筑有早、中、晚三期，分别建于13世纪、15世纪和18世纪。

67. 藏传佛教密切蒙藏关系

达赖喇嘛是藏传佛教格鲁派的宗教领袖之一，"达赖喇嘛"这个名称最早是在16世纪由蒙古族土默特部首领阿拉坦汗册封给藏传佛教格鲁派领袖索南嘉措的。

蒙古族13世纪时就开始受到藏传佛教的影响。成吉思汗统一蒙古高原后，就写信邀请藏传佛教红帽派喇嘛到蒙古草原传教。南宋淳祐七年（1247），元太宗窝阔台的次子阔端在凉州会见藏传佛教萨迦派领袖萨班后改信了佛教，此时藏传佛教还没有传入蒙古高原。元世祖忽必烈当政时，封八思巴为国师，藏传佛教在蒙古的影响加大。北元时期，蒙古的传统宗教萨满教重新在宫廷中占据主导地位，藏传佛教的地位迅速下降。藏传佛教不甘心就此退出蒙古高原，于是迎合蒙古贵族的需要，宣传他们的特权是前世修行的善报，经常对蒙古人讲八思巴帮助元世祖取得辉煌业绩的故事，使蒙古人重新对藏传佛教产生好感。

明嘉靖三十七年（1558），

阿拉坦汗率兵进入青海，第二年攻占了安多藏区。当地宗教首领归顺蒙古后，应阿拉坦汗的邀请，派了三位高僧到蒙古传教。隆庆五年（1571），明朝封阿拉坦汗"顺义王"后，藏传佛教高僧阿辛来见他，劝他皈依佛教，建立像忽必烈那样的丰功伟绩，重振蒙古族雄风。阿拉坦汗听后颇受鼓舞，从此与藏传佛教格鲁派建立了密切关系。

"朵儿只唱图记"象牙印

万历十六年（1588）明神宗赐给三世达赖喇嘛的印记，也是历史上中央政府赐给达赖喇嘛的第一方印。"朵儿只唱"，意为"金刚持"。西藏博物馆藏。

塔尔寺壁画

内蒙古呼和浩特市大召内明朝汉族工匠铸造的
铁狮子

从明万历五年（1577）起，萨迦寺高僧索南嘉措（即三世达赖喇嘛）多次应阿拉坦汗邀请到青海蒙古族地区传法讲经。1578年，青海湖东边的仰华寺建成，阿拉坦汗举行盛大集会迎接索南嘉措来主持他正式皈依藏传佛教的仪式，同时还有上千蒙古族人受戒。参加这次集会的有汉、藏、蒙古、畏兀尔等民族的僧俗人众十万余人。

索南嘉措向阿拉坦汗宣讲佛教教义，劝他戒杀行善，废止蒙古贵族的夫死妻殉等恶习。阿拉坦汗受到很大震撼，下令鄂尔多斯、土默特、永谢布三部从此信奉藏传佛教格鲁派，禁止每月举行的崇拜萨满教的血祭和每年的杀牲祭祀等活动，改为每家造一尊六臂观音像，用乳酪、酥油作为供品，并规定每月初八、十五、三十这三天守持斋戒。

索南嘉措赠给阿拉坦汗一个尊号："咱克喇瓦尔第彻辰汗"，梵语意思是"转金轮王"。阿拉坦汗也回赠索南嘉措一个尊号："圣识一切瓦齐尔达喇达赖喇嘛"，其中"达赖"是蒙古语"大海"，"喇嘛"是藏语"大师"，合起来意思就是佛学修养成就最高、超凡入圣、学问渊博得犹如大海一样的上师（"上师"是佛教密宗弟子对师父的称呼）。

不久，明朝万历皇帝正式承认"达赖喇嘛"这一称号，并派使节加以敕封，索南嘉措最早得到了"达赖喇嘛"称号。

后来，人们又追认他为达赖喇嘛三世，而把藏传佛教格鲁派创始人宗喀巴的弟子根敦朱巴追认为达赖喇嘛一世，追认藏传佛教格鲁派另一位领袖根敦嘉措为达赖喇嘛二世。

阿拉坦汗在青海与索南嘉措告别时，承诺要在蒙古族地区发展藏传佛教，兴建寺院，修造佛尊塑像。回到土默特部后，阿拉坦汗首先在归化城（今内蒙古呼和浩特市）兴建了蒙古族地区第一个格鲁派大寺庙——大召，"召"汉语意思就是庙。

明万历十一年（1583），索南嘉措到青海塔尔寺讲经，并扩建了塔尔寺。同年，阿拉坦汗病重，临终前留下遗言，要蒙古各部坚定不移地信仰藏传佛教，并嘱咐继承人迎请索南嘉措到蒙古来传教，继位的阿拉坦汗长子黄台吉派人到青海邀请索南嘉措来土默特部主持父亲的葬礼。索南嘉措在去土默特部的途中，经今天甘肃、宁夏时，受到当地明朝官员和蒙古族的盛情接待，他一路举办法会，主持开光仪式，给信徒诵经祝福，

酥油花
是一种用酥油制作塑像的特殊技艺，为"塔尔寺三绝"之一。

帮助各地修建寺庙。

明万历十四年（1586）秋，索南嘉措到达土默特部，阿拉坦汗的夫人三娘子和儿子黄台吉举行土默特部贵族和其他信徒达数万人参加的盛大欢迎集会。接着，索南嘉措召集土默特各部贵族，商议为阿拉坦汗举行葬礼和为大召开光典礼等事宜，他建议改革蒙古族风俗，把人死后的土葬改为举行佛教仪式，实行火葬，得到与会人员的一致同意。第二年，索南嘉措主持盛大的火葬仪式，将阿拉坦汗的遗骸从地里挖出进行火化，然后用金银和各类珍宝制作成舍利宝塔，将骨灰安放其中，并在大召西侧建造青

>>>阅读指南
唐吉思：《藏传佛教与蒙古族文化》。辽宁民族出版社，2007年5月。
[韩]金成修：《明清之际藏传佛教在蒙古地区的传播》。社会科学文献出版社，2006年9月。

大召六道轮回图局部

色宫殿，把骨灰塔安放在宫殿内。而后，索南嘉措为大召举行了盛大的开光法会。索南嘉措在土默特部期间，广泛接触蒙古贵族和官员，接受大批珍贵礼物，回赠蒙古贵族各种封号，为僧俗信徒举行受戒、诵经祝福等仪式，大力宣传藏传佛教的教义教规，他成了蒙古贵族心目中"伟大圣洁的圣人"，各部首领争相邀请他到自己的驻地宣讲佛法。在蒙古首领的带头下，藏传佛教和达赖喇嘛之名在蒙古各地广为传播。

明万历十六年（1588），索南嘉措应明神宗邀请，赴北京讲经。

土默特部所在地今天内蒙古呼和浩特市有"塞外召城"之誉，老城区内有"七大召八小召，七十二个绵绵召"之说，它们是藏传佛教在此兴盛和蒙古、汉、藏等民族团结的见证。

>>>寻踪觅迹

大召　位于内蒙古呼和浩特市区，始建于明万历七年（1579），有明代银佛、龙雕、壁画等遗物，银佛是三世达赖喇嘛索南嘉措开光的。

塔尔寺　位于青海湟中县，是藏传佛教格鲁派（黄教）六大寺院之一，三世达赖喇嘛等多位藏传佛教格鲁派领袖在此住持过。寺内收藏大量佛像、经书、法器、御赐匾额等文物，酥油花、壁画和堆绣被称为"三绝"。

68. 出身蒙古族的四世达赖喇嘛

藏传佛教是在吐蕃形成，然后传播到蒙古、锡金、不丹等地区的。藏传佛教用藏文、藏语传播，在不使用藏文、藏语的地区，讲授、辩理、念诵时照样是用藏语和藏文。在历世达赖喇嘛中，有一个蒙古族人，他就是四世达赖喇嘛云丹嘉措。

蒙古族土默特部阿拉坦汗及其继任者对藏传佛教的虔诚信仰和大力扶持，令三世达赖喇嘛索南嘉措十分感动，多年的相处结下的深厚友谊，使他深深地爱上了蒙古高原。

明万历十六年（1588），索南嘉措临终前留下遗嘱，说他将转世在阿拉坦汗的家族中，要求拉萨的色拉寺、甘丹寺、哲蚌寺三大寺派代表到蒙古寻访他的化身——转世灵童。第二年，阿拉坦汗孙子苏弥尔的夫人生下儿子云丹嘉措，很快就被蒙古王公认定为三世达赖的转世灵童。得知消息，拉萨三大寺的喇嘛非常慎重，他们组织了一个代表团到蒙古查访详细情况。代表团由三世达赖喇嘛的管家带领，成员包括格鲁派主要寺院的代表和支持格鲁派的贵族。回吐蕃后，又经过拉萨三大寺高僧的讨论，才正式承认这个孩子是三世达赖的转世灵童。由于年纪还小，转世灵童就继续生活在蒙古，暂时不去吐蕃。

万历三十年（1602），云丹嘉措14岁，拉萨三大寺派代

西藏拉萨哲蚌寺明代强巴佛（弥勒佛）
据说它是由藏传佛教格鲁派（黄教）创立者宗喀巴开光的。

金刚橛（jué）
明朝。藏传佛教法器。
西藏博物馆藏。

色拉寺大殿走廊

金刚杵
明朝宣德时期，
藏传佛教法器。
西藏布达拉宫藏。

表到土默特部迎接他入吐蕃，蒙古各王公也派人专程护送。云丹嘉措沿途受到蒙藏僧俗人众的热烈迎接。云丹嘉措先在藏北的热振寺举行了坐床典礼（即继位典礼），然后在拉萨登上了哲蚌寺的"诸方全胜林"宝座，并居住在该寺学经。万历三十四年，云丹嘉措赴扎什伦布寺，向该寺赤巴（总管）、藏传佛教的另一个领袖四世班禅罗桑却吉坚赞学法，二人感情很融洽。万历四十二年，云丹嘉措继任哲蚌寺第13任赤巴，并兼任色拉寺第15任赤巴。

万历四十三年，万历皇帝派专人去吐蕃，给予云丹嘉措"普持金刚佛"封号和封文，并邀请他进京，可惜云丹嘉措突然去世，年仅28岁，未能成行。

藏传佛教的最高领袖有了一位蒙古族人，使藏传佛教在蒙古更加深入人心。

17世纪初，蒙古瓦剌各部也宣布信奉藏传佛教。蒙古贵族纷纷派子弟入吐蕃为僧，学有所成的就有厄鲁特部和硕特部大名鼎鼎的咱雅班第达喇嘛，他后来在瓦剌及外哈喇喀部都有很大影响，在蒙古、藏及其与清朝的关系中发挥了重要作用。

>>>阅读指南
德勒格：《内蒙古喇嘛教史》。内蒙古人民出版社，1998年8月。
唐景福：《藏传佛教格鲁派史略》。甘肃人民出版社，2006年1月。

>>>寻踪觅迹
拉萨三大寺　指甘丹寺、色拉寺和哲蚌寺，连同拉卜楞寺、塔尔寺、扎什伦布寺，并称为藏传佛教格鲁派六大寺院。三大寺均始建于明永乐年间。甘丹寺是格鲁派的祖寺，哲蚌寺为历世达赖喇嘛的母寺。

69. 土司制度的完善

湖北咸丰县唐崖土司城石牌坊

明天启年间，土王覃鼎因奉调出征有功，朝廷赐建此功德牌坊，正面书"荆南雄镇"，背面书"楚蜀屏翰"。

明朝土司的设置分文职和武职两种。文治土司参照一般汉族地区府、州、县的设置和品秩，设立土府、土州、土县；武职土司承袭元代的土官制度，设宣慰使司、宣抚司、招讨司、长官司、蛮夷长官司等。

土司一经任命，明朝即赐给诰敕（朝廷册封官吏的文书）、印章、冠带、符牌等信物，作为朝廷命官的凭证，有的诰敕中还附有土司所属的少数民族文字，以示尊重。

中国西南、西北少数民族地区地理环境、经济社会、语言文化等与汉族地区有很大的不同，因此历代统治者都因地制宜采取有别于汉族地区的统治政策。元朝在总结历代封建王朝特别是唐、宋以来推行的羁縻政策经验的基础上，施行"蒙、夷参治"之法，官有"流、土"之分，于是开始了土司制度。

明朝在继承宋元成功经验的基础上，在少数民族地区广泛实行土司制度，涵盖了几十个民族，并对土司制度进行完善，形成了一套十分完备的制度。

土司允许世代相袭。为了有效地控制土司，明朝制定了严密的承袭法。明初时规定，凡土司承袭，必须赴京受命，以显示朝廷权威。后来土司虽然不一定

>>>阅读指南

龚荫：《中国土司制度史》。四川人民出版社，2012年7月。

于秀情：《明朝经营百夷研究》。中央民族大学出版社，2010年2月。

金凤冠饰件
湖北宣恩县猫儿堡土司墓出土,是明朝廷赐给宣恩施南覃氏土司夫人的饰物。

要赴京受职,但要报朝廷的地方官审批备案,广西的地方官审查土司继位时还实行面试。为了使各地土司忠于职守,明朝规定土司袭职后,要先学习礼仪三个月,方可正式上任。

明承元制,土司的义务主要是三项,即朝贡、纳赋、出土兵。朝贡是臣服的标志,明朝对土司入贡的时间、人数、物品等均有严格的规定。土司入贡,必须先经所在地布政司同意,取得文印后才能进京。明朝还规定土司编户之民也要交纳一定数量的赋税。土司拥兵是合法的,但要服从朝廷调遣,为了鼓励土司出兵,明朝对土兵在征战中表现好的土司给予奖励。

明朝采取许多手段加强对土司的监督。如在土司地区建立大量卫所,驻扎重兵,实行军事震慑;在一些土司安置朝廷派去的官员,实行"土流参用",钳制土官;利用各种机会在部分地区废除土官世袭制,由朝廷派官员轮流到少数民族地区直接统治。

土司制度的完善,密切了少数民族地区与中央朝廷的关系,对于维护国家统一,促进各民族的交流是有好处的。

>>>寻踪觅迹

唐崖土司城遗址 位于湖北咸丰县尖山乡。始建于元初,明代扩建。至今街道墙垣仍清晰可辨,部分建筑保存完好,人文景观遍布,主要有石人、石马、石牌、土王墓葬等。

鲁土司衙门 位于甘肃永登县连城镇。鲁土司始祖脱欢为元忽必烈的侄重孙,降明后被安置在这里。永乐年间,脱欢之孙、三世土司失伽屡有战功,被赐姓鲁,名鲁贤。鲁土司历经明、清至民国,世袭19世共21位土司,统治周边地区560多年,对当地政治、文化、宗教信仰产生了重要影响,并留下众多传世文物。永登县博物馆有相关收藏。

70. 军屯制度与民族互动

洪武十四年（1381），明朝派30万大军进攻西南，消灭了元朝残余势力，并把军队留在云贵地区，下令将士的家属全部从军。当时，军队的驻防地称为"屯"，移民的居住地称为"堡"，这些将士的后裔就叫作"屯堡人"。600多年过去了，当年明朝遍布全国的军屯哨所绝大部分已湮灭无迹，只有贵州以安顺为中心，尚存300多个屯堡村寨，以天龙、九溪、云山和本寨四大屯堡古镇最为有名。这里的明朝军屯后裔至今还顽强地保留着祖先留下的传统，他们的语言、服饰、建筑、娱乐方式甚至饮食口味与周围村寨迥异，形成独特的"屯堡文化"。

明朝建立之初，面对拥兵自重、充满敌意的北元蒙古各部，不得不保持一支庞大的军队。明朝的常备军始终保持在200万人左右，因战事增多，兵力也

屯堡建筑将石头工艺发挥到了极致

有一段顺口溜将其形容得淋漓尽致："石头的瓦盖石头的房，石头的街面石头的墙，石头的碾子石头的磨，石头的碓窝石头的缸。"

持续增加，到永乐中期，全国总兵力已扩至280万左右，而当时全国人口还不足一亿。元末战乱对社会经济造成严重破坏，庞大的军队粮饷成了问题。明太祖朱元璋吸收前朝的屯田经验，进一步发展了元末战争时寓兵于农、守屯戍边结合、以屯养兵的建军思想，建立起与卫所编制和军户世袭相适应的军屯制度，从而保证了充足的粮饷来源。朱元璋为此曾经自夸："朕养兵百万，不费百姓一

>>>阅读指南

王毓铨：《明代的军屯》。中华书局，2009年7月。

张金奎：《明代卫所军户研究》。线装书局，2007年5月。

屯堡地戏

原是明军融祭祀、操练、娱乐为一体的军傩，后与当地民情民俗相结合，以征战、英雄崇拜等为主题，表演上突出武打是地戏的主要特征。

粒米！"

明朝在南北方包括偏僻的少数民族地区都大量设立军事卫所，实行屯田制度。在南方少数民族地区还有商人屯田和地方州县招募移民、犯人等进行的屯田，使这些地区的开发达到了前所未有的程度。云南各种屯田约占当时全省登记注册的耕地面积的一半，进入云南的汉族军民约四五十万人，大大改变了那里的民族结构。

大批汉族进入少数民族地区屯田，将比较先进的生产技术、优良的农作物品种推广到边疆地区，促进了当地生产的发展。云南宜良的汤池渠水利工程由1.5万名军屯士兵修建，长20多千米，可以灌溉几万亩田地，至今仍在发挥作用。云南的矿业、手工业、商业都因此得到了很大发展。同时，上百万汉族移民进入西南，形成庞大的汉族移民群体，改变了西南"夷多汉少"的局面，促进了民族交往和民族融合。

>>>寻踪觅迹

贵州安顺市 明代屯堡文化的集中区。保留有300多个屯堡村寨，以云山屯、本寨、九溪、鲍屯、旧州古镇和平坝县天龙屯堡等最具代表性，其建筑兼具江淮民居与军事防御的特点，屯堡内600多年前的大明遗风尚存。

71. 狼人和狼兵

在明朝到清初的汉文书籍中，有大量关于广西"狼人"和"狼兵"的记载。奇怪的是，在这之前和之后却极少见到这种称谓，可以说它们是飘然而来、骤然而逝，出现和消亡都是那么突然，犹如羚羊挂角，无迹可求。

"狼人"主要分布在今天的桂西地区。史书称那些与汉族接触比较多、接受汉式教育的为"熟狼"，他们在山地耕种、狩猎，和汉族一样既交税也服劳役，但在饮食习惯上有些特别，喜欢吃生食和家畜的血，还喜欢在宰牛时，取牛小肠里残留的"营养液"来做羹食用。狼人的这种习俗在今天桂西壮族和瑶族的布努瑶中还普遍存在，比如许多人爱吃生鱼和"打血旺"。"打血旺"就是在瓦盆中放入适量干净的水和盐，接上猪、

羊的热血，然后使劲搅拌均匀，再把猪、羊内脏与花生、姜等炒熟，加适量肉汤，盛在小碗中，加入三四勺血旺，凝结后拌一些葱末食用。牛、羊小肠里残留的"营养液"，桂西人叫作牛羊酱、牛羊精。将小肠割下，把肠内还未消化的溶液放入锅里，与青菜、羊肉等一起煮熟后食

天顺铁钟

铭文说明它是明朝天顺二年（1458）由广西泗城州信官岑永昌所铸。岑氏家族因带领狼兵协助明朝消灭各种反对势力而受到重用，成为土官。广西凌云县博物馆藏。

广西田东县布兵镇明代田州知州家族墓石刻
女主人端坐在太师椅上，右侧是手捧官印的丫环，左侧是打着大罗伞的女兵。

>>>阅读指南

蓝武：《从设土到改流——元明时期广西土司制度研究》。广西师范大学出版社，2011年8月。

黄家信：《壮族地区土司制度与改土归流研究》。合肥工业大学出版社，2007年3月。

板鞋竞速运动
是广西壮族的民间传统体育项目，相传源于明代瓦氏夫人的一种练兵方法。瓦氏夫人令几个士兵同穿一副长板鞋齐步跑，以此训练他们在战斗中步调一致，协同配合。后来民间效仿此法开展娱乐活动，相袭成俗，流传至今。

用，味略苦带甜，俗称"百草药"。当地人认为，牛羊吃百草，经牛羊的肠胃化为浓汁，积在小肠中，可医百病，用中医理论解释，是有一定道理的。

狼人也有性格彪悍的，由狼人组成的狼兵英勇善战，史书上说"能以少击众，十出而九胜"。明朝经常征调狼兵镇压广西、广东、湖南、江西的农民起义，特别是明朝中后期，狼兵甚至成为朝廷镇压南方各民族人民起义的主要力量。

狼兵也在反抗外来入侵中发挥过重要作用。嘉靖年间，中国沿海频频遭受倭寇侵扰，明朝在多次征讨失败后，决定征调狼兵和其他少数民族军队到东南沿海抗倭。当征调令送到田州（今广西田阳县）时，田州知州和儿子都刚刚去世不久，孙子还年幼，于是年近花甲的瓦氏夫人毅然请命应征，带领邻近各州组建的军队6800多人，奔赴抗倭前线。

瓦氏于嘉靖三十三年（1554）十月中旬离开田州东下，经广东、江西、安徽、江苏等地，第二年三月到达江浙海防第一门户金山卫驻防，是各路客军中首先到达的。他们参加了大小战斗十余次，瓦氏夫人身先士卒，使用双剑杀敌，神速如闪电，锐不可当，倭寇闻风丧胆。"花瓦家，能杀倭"的民谣在江浙沿海广为传颂。

瓦氏夫人抗倭战功卓著，得到了嘉靖皇帝的奖赏，被封为"二品夫人"，老百姓赞誉她为"石柱将军"。

从狼人的分布区域与习俗等判断，它应该属于壮族。为什么称之为狼人？至今还没有令人信服的解释。

>>>寻踪觅迹

瓦氏夫人纪念地 广西田阳县有瓦氏夫人墓，巴马县有瓦氏夫人庙，田东县有瓦氏夫人后裔墓。

莫氏土司衙门 位于广西忻城县，明万历十年（1582）由第八任土官莫镇威始建，后经历任土司扩建，形成规模宏大的建筑群。元末至清光绪年间，莫氏土司统治忻城约500年。

72. 持续 250 多年的大藤峡起义

一个地方的老百姓反抗朝廷统治的斗争竟然持续了 250 多年，不能不说是一个奇迹，这个奇迹的创造者就是明朝广西大藤峡的瑶族和壮族农民。

大藤峡地区方圆 300 多千米，在今天广西中部偏东以大瑶山为中心的四周地区，这一带聚居着瑶族、壮族等少数民族和部分汉人，其中瑶族占多数。

大藤峡地区的各族人民以种山为生，经济收入很低。洪武年间，明朝先后在大藤峡周围的州县设立了九个千户所，后来又增设十多个巡检司，并从今广西左右江一带调拨土兵到此屯守，对大藤峡瑶族实行层层军事封锁。大批官军和土兵武装占田，使本来耕地就少的大批少数民族失去了生活来源。为了生计，他们不得不进入深山密林去开山耕种，但千辛万苦开垦出来的田地常常又被官军和土兵强占，当地瑶族、壮族农民无田可耕，只好四处流亡或进入深山。为

广西桂平市黔江大藤峡明武宗御书"敕赐永通峡"石刻

明朝武靖州浮桥铁柱

立于广西桂平市中山公园内，铸有铭文 151 字，是研究大藤峡起义的重要资料。武靖州是明成化年间为镇压、招抚瑶民而设，治所在今桂平市武靖村一带，铁柱就是建州城时为在江上架设浮桥而铸。

了让少数民族服服帖帖地服从统治，明朝还对大藤峡地区进行经济封锁，限制和禁止铁器、大米、食盐、布匹等物资进入。

处于水深火热之中的大藤峡地区各族人民不得不起来反抗。自洪武年间起，一直到明朝灭亡前夕的250多年间，前后爆发规模较大的起义有十多次，其中以侯大苟领导的起义规模最大、时间最长、斗争最激烈。

明正统七年(1442)，蓝受贰领导瑶民、壮族人民起义，侯大苟加入了起义军，并在蓝受贰牺牲后，担任起义军领袖。侯大苟联络各地友军，攻克多处州县，打开官府的粮库，把粮食、食盐发放给穷苦人民，并打开监狱释放囚犯，深受人民拥戴，队伍不断壮大，一度控制了广西东部和广东西部的大片地区，还打入湖南和江西的部分地区。明朝调集湖广、贵州、南京、浙江、江西、直隶（今河北）等地数万官兵前去镇压，但官兵采取烧杀政策，屠杀无辜百姓，激起了广西各族人民的极大愤怒，起义军的力量反而壮大了。

成化元年（1465），明朝16万官军分四面十三路进剿大藤峡。因武器、粮食补给不上，起义军防线被攻破，侯大苟被迫退守大藤峡附近最高、最陡的山峰——九层楼继续抵抗。官军调集大批火炮炮轰九层楼，并从后山登山夹击，起义军腹背受敌。侯大苟等700余名起义军与官军展开殊死搏斗，终因寡不敌众，壮烈牺牲。明朝军队烧毁村寨，掠夺妇女，还将横亘江上的大藤砍断，将大藤峡更名为"断藤峡"。

侯大苟的起义军余部在侯郑昂、王

"古铜陵"牌坊

位于广东阳春市石望镇交明村。明嘉靖六年（1527）当地人梁镇南所建。梁镇南曾参加征伐大藤峡瑶民起义的战斗，因功官至虎贲将军。牌坊是为当地古铜陵县城遗址所立。

广东阳春市石望镇梁镇南将军府

梁镇南因征伐、安抚大藤峡瑶民有功，明朝廷特许其在家乡建将军府，以示嘉奖。

牛儿的领导下继续战斗，没几年队伍又日益壮大。明朝闻讯十分震惊，急忙调遣广西壮族土兵和地方军几万人，配合北方南下的官军前去镇压，侯郑昂、王牛儿先后战败牺牲，起义转入低潮。这一次，明朝统治者总算意识到让老百姓休养生息的重要性，于是在成化中期（1470年后），采取了一些怀柔政策，给大藤峡地区的老百姓减免了赋税，有条件地允许盐等物资流通。正德年间，明武宗亲自题写，将"断藤峡"改名为"永通峡"，还在大藤峡中心地区设置武靖州，州内设六个巡检司，进一步加强对大藤峡地区的统治。

然而，大藤峡地区人民的境遇并没有得到根本改善，到了嘉靖年间，大藤峡地区各族人民再次掀起反抗高潮。起义军在胡缘二、黄公豹等人领导下，再次控制了黔江上下数百里的广大地区。

明朝先后派遣王阳明、田汝成等高级官员带大军南下，并征调广西壮族土兵，才将起义镇压下去。

在长期共同反抗明朝压迫和统治的过程中，大藤峡地区各族人民也结下了深厚的友谊。

>>>阅读指南

刘祥学：《明朝民族政策演变史》。民族出版社，2006年6月。

杨绍猷、莫俊卿：《中国历代民族史·明代民族史》。社会科学文献出版社，2007年5月。

>>>寻踪觅迹

大藤峡 位于广西桂平市西北黔江下游，是广西最大最长的峡谷，是明朝大藤峡农民起义的核心区域，有弩滩、大藤渡江处、碧滩都城、九层楼、铜鼓冲等相关自然与人文遗迹。

73. 雄关万里挡不住民族往来

长城，像一条巨龙，绵延起伏于中国北方辽阔的大地上，翻越巍巍群山，跨过浩瀚的沙漠，穿过茫茫草原，奔向苍茫的大海。长城是世界建筑工程的奇迹，1987 年被列入世界文化遗产名录。我们今天看到的长城，主要是明长城。

修长城始于春秋战国时期，秦汉时达到一个高峰。秦朝把春秋战国时期各国的长城连起来，西起临洮（今甘肃岷县），东至辽东，绵延万余里，所以后人称为"万里长城"。

历代修长城的主要目的是为了防御北方游牧民族南下：秦皇汉武修长城是为了阻挡北方强大的匈奴；隋修长城是为了防范突厥；金修长城是为了防御蒙古族；明朝重新大规模修长城，还是为了防御蒙古族。

明太祖朱元璋通过安抚政策争取了不少蒙古贵族，但大部分蒙古贵族不接受明朝的招抚，因此北方的蒙古势力一

司马台长城
又称金山岭长城，位于北京密云县古北口镇，有险、密、奇、巧、全五大特点，堪称万里长城的精华。

明长城的东边起点——老龙头

位于河北秦皇岛市山海关渤海之滨，入海石城由明代蓟镇总兵戚继光所建，犹如龙首探入大海弄涛舞浪，因而得名。

直是明朝安全挥之不去的阴影。朱元璋和他的子孙们只好选择了老祖宗的办法——修筑长城。1368年，刚刚登上皇帝宝座的朱元璋就派大将徐达北筑长城。春秋战国时把长城叫作"方城"，明朝把长城称为"边墙"。从明初到明末，先后大修长城18次，历时260余年。明长城东起鸭绿江，西到嘉峪关，全长12700多华里，也是名副其实的"万里长城"。

明朝花了大量人力物力，把秦始皇的万里长城重新翻修了一遍，并且建立了完善的防守制度，将长城全线分为"九边十一镇"，镇下又设"路"和"关"，各个敌台和烽火台层层相属，一旦有敌情可以随时通报。但是，长城不管气势如何磅礴，毕竟只是一堵城墙，还不足以让一个王朝安全地躲在它的背后度日。正统十四年（1449），蒙古瓦剌首领率兵不仅突破了长城防线，还生擒了御驾亲征的明英宗。最后，满洲人也突破了明朝的长城防线，推翻了明王朝，入主中原。

修筑长城只是一种被动防守和封闭思想的体现，历史的发展表明，任何有形和无形的长城都阻挡不了民族融合的大趋势。万里长城以其蜿蜒曲折、奔腾起伏的身影点缀着中华大地的锦绣河山，今天，它已成为中华智慧和民族团结的精神象征。

>>>阅读指南

景爱：《中国长城史》。上海人民出版社，2006年10月。

赵现海：《明代九边长城军镇史——中国边疆假说视野下的长城制度史研究》。社会科学文献出版社，2012年11月。

>>>寻踪觅迹

居庸关、山海关　分别位于北京昌平区和河北秦皇岛市，是长城上的重要关隘，山海关是明长城的东北起点。

八达岭长城　位于北京延庆县，建于明代，是长城保存最完整的一段。

74. 南方长城

与贵州交界的湖南凤凰县黄合乡境内南方长城起点处

　　长城不仅中国北方有，南方也有。南方的长城现在也叫苗疆长城或湘西古长城。它地处湘西和黔东北苗族聚居区，北起今湖南吉首市北训边陲山头上的喜鹊营，南到今贵州铜仁市滑石乡谷坳屯一带的黄会营，全长191千米，其中大部分在今湖南凤凰县境内。南方长城虽然没有北方长城宏伟高大，却也跨山绕水建在险峻的山脊之上，建有800多座

用于屯兵、防御用的哨台、炮台、碉卡、关门，也是中国历史上工程浩大的古建筑之一。

　　南方长城是明朝歧视和压迫以苗族为主的南方少数民族的产物。

　　远古时期，苗族先祖蚩尤与炎帝和黄帝的部落交战，蚩尤战败，从黄河流域退居江汉、洞庭湖一带。商周时，苗族先民又被汉族先民打败，再次迁徙到

湖南凤凰古城北门城楼
始建于明朝。凤凰古城元、明时为五寨长官司治所，有土城。明嘉靖年间将土城改为砖城，开设四大门，各覆以楼。清康熙年间又将砖城改为石城。现城内仍存明清两代特色民居建筑120多座和明清石板古街道20多条。

崇山峻岭之中的湘西"五溪"一带，即今湘西、黔东等地，使这里成了苗族最主要的聚居区。明代文献将这一地区称为"苗界"，清代则称为"苗疆"。千百年来，中原王朝对于苗族聚居的核心区都实行羁縻政策，让苗族高度自治，既不纳税，也不服役。

明朝为了减轻财政压力，实行屯田养兵的军事制度，蚕食了不少原属于苗族世代自由耕作、狩猎的区域，引起当地苗民"10年一小反，30年一大反"。明朝加强了对苗族的军事镇压。从洪武十四年（1381）至崇祯十六年（1643）的262年中，明朝大规模征剿苗界的军事行动就有33次，差不多每8年一次，而苗族则不断起兵反抗压迫，杀得官兵

湖南凤凰黄丝桥古城
始建于唐朝，是唐朝渭阳县治，经宋、元、明、清历代改造修葺，形成一座独特的石头城，是南方长城苗汉相争的前沿阵地。

山岭上的南方长城

闻风丧胆。

嘉靖三十三年（1554），湖广总督张岳派人在今湖南麻阳县一带开始修筑长城，这是明朝在苗界最早修建的一段边墙。此后，其他地方也陆续开始修筑城墙，并逐渐相连，到天启三年（1623），整个工程完成。后来，清朝对苗疆长城进行部分增补修建，就形成了今天我们看到的南方长城。

明朝把湘黔边境的苗人划分为"生苗"和"熟苗"。熟苗与汉族杂居在一起，在官府登记了户籍，与汉族一样纳税服役，接受汉式儒化教育。生苗则完全相反，他们居住在深山里，少与外界往来，在朝廷没有登记户籍，不交税纳粮，也不读四书五经。明朝修建的南方长城，把苗界南北隔开，分而治之，长城以外是生苗，长城以内是熟苗。生苗不准越过长城谋生，即所谓"苗不出境，汉不入峒"，人为地制造民族隔阂。

今天，民族隔阂早已打破，南方长城也失去了军事作用而成为中华民族的文化遗产。

>>>阅读指南

李康学：《烽火南长城》。民族出版社，2008 年 1 月。

陆韧、凌永忠：《元明清西南边疆特殊政区研究》。人民出版社，2013 年 2 月。

>>>寻踪觅迹

湖南凤凰县 南方长城在境内贯穿而过，有亭子关长城、凤凰古城、黄丝桥古城、舒家塘古镇等相关古迹。

75. 土木堡之变

明朝建立后持续的打击，使蒙古鞑靼逐渐衰弱，但蒙古族的另外一支瓦剌又逐渐兴盛起来。瓦剌同样没有忘记向南扩张、恢复蒙古族统治中原的梦想。

经过精心准备，正统十四年（1449）七月，瓦剌首领也先下令蒙古骑兵分成四路对明朝发动猛烈进攻：第一路进攻辽东，第二路进攻甘肃，第三路进攻宣府（今河北宣化），第四路由也先亲自率领进攻大同。蒙古骑兵势如破竹，明朝军队节节败退，明朝的心脏北京受到了直接威胁。

明英宗朱祁镇立即召集文武大臣商讨对策。许多大臣认为蒙古骑兵来势凶猛，应该派能征善战的将领组织精锐之师前去阻击，确保北京的安全。专权的宦官王振不顾大臣们的强烈反对，竟怂恿明英宗亲自率军出征。皇帝亲自出征当然能够鼓舞士气，可23岁的明英宗自幼生长在深宫，除了去过京郊皇陵祭祖外，从未出过京城一步。这个"奶油小生"并不知道战争的残酷性，以为御驾亲征就像去郊区踏青一样，于是不顾群臣劝阻，在没有充分准备的情况下，仓促率兵20万向大同进发。

明英宗很快就发现带兵出征并没有想象的那么好玩。行军途中，连日风雨，道路泥泞，征途劳顿不说，更重要的是粮饷不继，军队未到大同就已经断粮。军卒饥苦，士气低落，前线战败的报告如同雪片般不断飞来，王振也惊慌失措。明英宗对"武装大旅游"完全失去了兴趣，于是不顾前方将士的呼救，决定掉头回京，出征前豪言壮语的王振早就被吓得半死，立即遵从皇帝旨意下令撤退。

九宫长随牙牌
明朝宦官长随出入宫禁的通行证。中国国家博物馆藏。

是从原路撤退还是走另外的路线呢？如果原路返回，很快就能到北京，悲剧就不会发生。可王振却想：附近就是自己的家乡，要是能让皇帝带这么多兵马到自己的家乡看看，自己在父老乡亲面前该多有面子！于是，王振下令军队从他的老家大同府蔚州（今河北蔚县）过境返京。如果一直沿着这条路回北京也不会有太多的危险，只是疲劳一些而已，因为路上有一个重要关口——紫荆关（今河北易县紫荆岭上），那里有明朝的军队把守。然而，当队伍走了几十里路后，王振忽然想到此时正值秋熟，大军过境，会踩坏家乡的庄稼，于是又下令全军向后转，沿来路返京，大军活命的时机就这样被王振消耗掉了。

八月十三日夜，疲惫不堪的明军抵达今河北怀来以西的土木堡。本来天色尚早，再走10千米，即可进入怀来城安全宿营，但一意孤行的王振却担心落在后面的上千车辎重跟不上，硬要大军在没有水源的高地上就地宿营。一错再错，明朝军队终于失去了最后的生存机会。

第二天，瓦剌军队把明军团团围住。明军既没水喝，更无法做饭，只好同王振一起坐以待毙。当时，也先看到明朝

正统款锦衣卫指挥使象牙圆牌

锦衣卫是明朝专有的军政特务机构，其首领称"指挥使"。明英宗年间马顺担任该职，因其为专权太监王振的余党，后在朝堂上被大臣群殴致死。首都博物馆藏。

明正统青花麒麟翼龙纹盘

明英宗兄弟在位的正统、景泰、天顺三朝，政治动荡，经济衰退，朝廷禁止民窑烧制黄、红、绿、青、蓝、白地青花瓷器，故这一时期瓷器数量较少，被称为陶瓷史上的"空白期"。故宫博物院藏。

智化寺

位于北京东城区禄米仓东口路北，始建于明正统八年（1443），是宦官王振的家庙，至今保存尚好。门前两块无字石碑上原刻有歌颂王振的颂辞。

军队人数众多，数倍于己，也不敢轻易冲上来，于是，他要了个诡计：假装愿意与明军和谈，双方撤军。王振不知是计，不听军中有作战经验的大将劝阻，匆忙下令主动拔营，早已饥渴难耐的明军士兵放松警戒，争先恐后前往河里取水。瓦剌军队乘机发动总攻，从四面围攻过来。明军惊恐万分，阵势大乱，争先逃命，明英宗被俘，兵部尚书邝野、户部尚书王佐等 66 名大臣战死，20 万大军全军覆没，王振也在乱军中被痛恨他的明朝将士打死。

20 万明军对付三五万瓦剌军队，竟然全军覆没，甚至连皇帝也成了俘虏，实为中外战争史所罕见，更是历史的笑柄。

>>>阅读指南

白翠琴：《瓦剌史》。广西师范大学出版社，2006 年 12 月。

温功义：《明代宦官》。紫禁城出版社，2010 年 4 月。

>>>寻踪觅迹

土木堡 位于河北怀来县东南。当年明军防御的城墙遗迹在田野上和民房间断断续续地延伸，有的被村民当成了院墙，明朝为祭祀死难将士建造的显忠祠大殿和碑刻尚有部分遗存。

河北蔚县 古称蔚州，明朝宦官王振的家乡。历史悠久，各类文物遗存众多，以古堡、古宅、古寺、古戏楼等古建筑群最有特色。

76. 北京保卫战

土木堡之变后，瓦剌乘胜追击，挟持着被俘的明英宗耀武扬威地向北京进发，想一鼓作气攻取明朝的京城。当时北京城守备空虚，守军数量很少，因为最精良的军队已经由明英宗和王振带出去被瓦剌消灭了。北京形势岌岌可危，人心惶惶，许多富裕人家纷纷南逃。

在皇室和文武大臣商议对策时，有人主张关闭城门固守，等待援兵来救；有人主张送大量的金银珠宝给瓦剌，赎回明英宗并让瓦剌尽快撤军；有人认为瓦剌军队太厉害，保住北京是不可能的，要尽快迁都回南京，然后再想办法。弃城逃跑的声音很快占据了上风，哀声一片，主持会议的明英宗弟弟朱祁钰（yù）也不知所措。

就在这时，一位大臣挺身而出，大声呵斥道："主张逃跑迁都的人应该杀头！首都是国家的根本，一迁都就会像大厦动了基础而轰然倒塌！"这个人是兵部侍郎于谦。正惊愕得束手无策的明英宗母亲孙太后于是便提升于谦为兵部尚书，指望着他独撑危局，力挽狂澜。

于谦首先联合文武大臣拥立新皇帝。明英宗被俘，太子年仅3岁，不可能履行皇帝的岗位职责。大敌当前，国无君主，必然陷入混乱，于谦和众大臣请皇太后立朱祁钰为新皇帝，他就是明代宗。朱祁钰当时22岁，仅比英宗小一岁，英宗在亲征之前曾指定他临时代为处理政务。代宗任命于谦为北京保卫战总指挥，迅速部署防务。

于谦临危受命，整编了京城残留的军队，急调各地军队日夜兼程赶来救援，并起用了一大批能征善

铜火铳
明代宗景泰元年（1450）铸造。中国国家博物馆藏。

御马监腰牌
御马监是明朝 24 个宦官衙门之一，是明廷的内管家。由御马监统领的一支禁兵直接为皇帝担任宿卫。在北京保卫战中，由御马监提督的四卫、勇士营禁兵在彰义门主动出击瓦剌军队。首都博物馆藏。

明朝银嵌金云龙纹盔
北方少数民族军事首领佩戴之物。首都博物馆藏。

战的武将，分头防守要地，同时动员外地援军和民众将储存在大运河终端通州的大批粮食抢运进城，使得城坚粮足。于谦精心部署完毕，明朝君臣、军民士气昂扬，就等瓦剌军队到来。

正统十四年（1449）十月，即土木堡之变两个月后，瓦剌首领也先挟持着明英宗，真的攻到了北京。根据侦察到的敌情，于谦判断瓦剌军队一定会从德胜门方向发起进攻。他派出一支骑兵小队出营挑战，并交代他们只许诈败，不许恋战，要引诱敌军来攻。也先果然中计，以为明军还是像在土木堡那样不堪一击，便派弟弟、绰号"铁颈元帅"的孛罗率一万多精锐骑兵追击明军，乘势攻城，他自己也率大军从营地向德胜门杀来。当瓦剌骑兵尽数闯入德胜门外的伏击区域，于谦传令点起号炮，发动围歼。"铁颈元帅"当场中炮毙命，一万多瓦剌骑兵人仰马翻，顷刻间灰飞烟灭。

先头部队全军覆没的消息传来，也先几乎不相信自己的耳朵，他不甘心就这样撤退，也不相信明朝军队两个月就变得英勇善战了，于是率大军继续向北京杀来。经过五天激战，瓦剌损失惨重，也先这才不得不挟持着明英宗仓皇逃窜，瓦剌从此一蹶不振。

北京保卫战的胜利使明朝暂时得以转危为安。

>>>阅读指南
郦波：《救时宰相于谦》。中国民主法制出版社，2010 年 8 月。
张明林：《兄弟情仇——明英宗正统、明代宗景泰》。西苑出版社，2011 年 10 月。

>>>寻踪觅迹
于谦遗迹 北京东城区西裱褙胡同 23 号原于谦住宅，明宪宗将其改为忠节祠；浙江杭州市上城区清河坊祠堂巷有于谦故居，后改建为怜忠祠；杭州西湖区三台山麓有于谦墓，墓前祭台、香炉均为明代遗物。

77. 为通商引发的战争

山西右玉县杀虎口长城遗迹
杀虎口位于山西与内蒙古交界处，自古为南北要道，古称参合口，唐称白狼关，宋称牙狼关。为了抵御蒙古人南侵，明朝多次从此出兵征战，故而起名"杀胡口"。明嘉靖、万历朝所筑城堡遗迹仍存。

河北易县紫荆关城墙
始建于战国，汉时为土石夯筑，后历经各代扩建、修葺，明朝更是大兴土木，修城建关，增设城堡、隘口，开凿盘山道等，使紫荆关形成较完备的防御体系。

北京保卫战后瓦剌由盛转衰，风水轮流转，成吉思汗的嫡系后裔鞑靼又强盛起来，把瓦剌赶到漠西（今甘肃、青海、新疆一带），鞑靼则独占漠北和漠南（今内蒙古和蒙古国）。

明嘉靖二十九年（1550），元世祖忽必烈的后裔土默特部首领阿拉坦汗率蒙古骑兵越过古北口长城，直奔北京，沿途100多千米竟没有遇到明朝军队的阻拦。只有700余骑的蒙古先头军队杀到北京城下，嘉靖皇帝束手无策。专权的宦官严嵩下令京城四五万守军紧闭城门，不要出城迎战，完全没有了当年北京保卫战的气概。严嵩对嘉靖皇帝说：蒙古人是为财物而来的，他们掳掠够了自然就会回去。于是，阿拉坦汗的人马在北京郊区抢掠数日后，又从原路从容退回。历史上把阿拉坦汗这次南下掳掠称为"庚戌之变"。

古北口长城

位于北京密云县与河北滦平县交界处，由北齐长城和明长城组成，包括卧虎山、蟠龙山、金山岭和司马台四个城段。古北口是辽东平原和内蒙古通往中原的咽喉，明朝在前代关口的基础上大规模增建、扩建，使之成为万里长城中最坚固、最雄伟的一段，至今原貌仍存。

蒙古族靠天养畜，并向中原输出富余的马匹和牛羊肉、羊毛等畜产品，换回生活必需的粮食、茶叶、手工业用品等，一旦生意不能进行，他们的生活就会受到影响，就会到中原掠夺甚至发生战争。

明朝把蒙古人赶到塞外，并企图通过修筑坚固的长城来阻隔蒙古人，但蒙古人却强烈要求与明朝通商。特别是明孝宗当上皇帝后，蒙古首领达延汗就多次遣使要求向明朝进贡，以便让明朝回赐一些他们缺乏的生活用品。从嘉靖十三年（1534）起，蒙古首领阿拉坦汗几乎每年都请求明朝同意他们来进贡，并保证明朝的汉族边民在长城以内耕种不会受到骚扰。阿拉坦汗曾收留大量因战争流散入蒙的汉族人，并设法让他们安居，表现出很大的诚意。

然而，蒙古汗的求贡要求却屡遭明朝拒绝，还两次杀死阿拉坦汗派来的谈判使者。恼羞成怒的蒙古人只能继续采取南侵的办法，多次越过或拆毁长城，大举犯边，企图以武力迫使明朝通贡互市。嘉靖二十一年（1542），阿拉坦汗部入掠山西，纵横 38 个州县，焚烧房屋 8 万余所，杀戮男女 20 余万人，抢掠牲畜 200 万头。"庚戌之变"也是这种侵犯的继续。明朝的禁边和封闭政策结出了恶果。

"庚戌之变"后 20 多年，阿拉坦汗仍然连年南下掳掠，长城沿线的百姓深受其害。隆庆四年（1570），双方终于达成和议，明朝封阿拉坦汗为顺义王，阿拉坦汗服从明朝统治，明朝长城沿边一带始得安宁，长城内外各民族互通有无又得到恢复和发展。

>>>阅读指南

李湖光：《大明帝国战争史》。凤凰出版社，2010 年 11 月。

王冬青：《皇朝战史——明代十大战争》。上海人民出版社，2011 年 8 月。

>>>寻踪觅迹

河北宣化古城　明代北部边防重镇，有南门楼、清远楼、镇朔楼等相关文物古迹。

78. 隆庆和议结束明蒙 200 年战争

　　鞑靼首领阿拉坦汗的孙子把汉那吉，准备娶他姑母（阿拉坦汗长女）之女做妻子，也就是表哥娶表妹。可是，阿拉坦汗见自己的这个外孙女如花似玉，楚楚动人，也很喜欢，就不顾孙子的感情，据为己有。心上人被祖父抢去，把汉那吉心里很不是滋味，忌妒、怨恨涌上心头，于是在隆庆四年（1570）带了十几个人来到大同投靠了明朝。

　　阿拉坦汗从嘉靖年间开始就是明朝最大的敌人，现在他的孙子带人来投靠，这可是一件大事。大同的地方官不敢擅作主张，连忙报告朝廷。由于把汉那吉身份特殊，明朝对于是否收留他存在不同意见。有人认为可以用把汉那吉作为人质，与阿拉坦汗交换明朝投靠鞑靼的叛徒；有人建议让把汉那吉招引旧部到边塞地区来居住，作为明朝与阿拉坦汗的缓冲地带，等阿拉坦汗死后支持把汉那吉回去争夺大汗位，这样明朝就可以坐山观虎斗，坐收渔利；也有很多人反对收留把汉那吉，认为他有可能是阿拉坦汗派来的。

　　把汉那吉出走后，他的奶奶——阿拉坦汗的原配夫人生怕孙子被明朝杀了，便日夜与阿拉坦汗吵闹。阿拉坦汗也有些后悔，立即率领十万军队，来到边境上气势汹汹地找明朝要孙子。明朝早有准备，军队严兵戒备，大众坚壁清野。阿拉坦汗攻不得，也没东西可抢，只好派遣使者议和。明朝顺水推舟，给把汉那吉穿上大明皇帝赏赐的大红丝袍，送回了鞑靼。阿拉坦汗也把明朝叛臣遣送回来，并保证今后不再来侵犯，同时再次请求明朝准其进贡，

内蒙古土默特右旗美岱召壁画上的阿拉坦汗（临摹图）

得胜堡遗址
位于山西大同市新荣区堡子湾乡，修建于明初，是明长城的重要边堡。隆庆五年（1571），明朝曾在这里举行册封阿拉坦汗为顺义王的仪式。

开通互市。

明朝答应了阿拉坦汗的要求。双方达成协议，明朝封阿拉坦汗为顺义王，封他的弟弟、儿子以及各部头目为都督、指挥、千百户等官职，同意蒙古人进贡，并在双方边境设立互市点进行贸易，蒙古族今后不再侵扰明朝。这就是历史上著名的"隆庆和议"。

隆庆和议结束了明蒙200多年的战争状态，从此开始了双方60年的和平友好局面。

天王有道边城静，

上相先谋市马开。

万骑云屯星斗暗，

三秋霜冷结旄回。

有人用这样的诗篇赞美那时关山平静、交易繁忙、一片安定的盛世景象。

隆庆和议表面上是由把汉那吉投奔明朝这一偶然事件引起的，实际上却是双方长期对立造成两败俱伤、人们渴望和平的一种必然结果。

>>>阅读指南
胡刃：《成吉思汗子孙秘传之忽必烈再生》。中国国际广播出版社，2013年8月。
李儿只斤·苏和等：《蒙古三大部》。内蒙古人民出版社，2012年1月。

>>>寻踪觅迹
鸡鸣驿遗址 位于河北怀来县鸡鸣驿村，是中国邮传、军驿的宝贵遗存。始建于元代，明朝永乐年间扩建，成化年间建土垣，隆庆四年（1570）修砖城。古城至今基本完好，城内建筑分布有序，驿署区在城中心，西北区有马号，东北区为驿仓，城南傍城有驿道东西向通过。还有商店、民居、戏楼和寺庙等建筑。

79. 多民族爱戴的三娘子

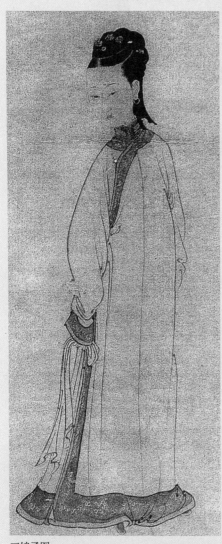

三娘子图
清朝康涛作。首都博物馆藏。

麟阁云台盖世勋，

论功一例逊昭君。

若从边塞争芳烈，

顺义夫人亦不群。

这是20世纪30年代著名藏书家傅增湘写的一首诗，诗中把顺义夫人与千古流芳的民族团结使者王昭君相提并论，评价甚高。

顺义夫人即蒙古族女英雄三娘子，也就是鞑靼首领阿拉坦汗的外孙女，她的蒙古名字叫钟金。钟金不仅天生丽质，还聪睿过人，胸襟开阔，通达事理，她的一生充满了传奇色彩。

明嘉靖四十八年（1569），钟金嫁给了自己的外公阿拉坦汗，成为他的第三个夫人，人们称她为三娘子。1583年，75岁的阿拉坦汗去世，其子黄台吉继任土默特部首领。按照蒙古族古老的收继婚制习俗，黄台吉可以娶庶母三娘子为妻，但三娘子嫌黄台吉反对蒙汉友好，不愿意嫁给他，就带着部下往西出走。明朝内阁大学士张居正认为三娘子是维护明蒙和好的重要人物，她如果不做蒙古大汗的妻子，可能会影响到明蒙关系，连忙派人去劝说三娘子。识大体、顾大局的三娘子很快返

内蒙古土默特右旗美岱召壁画上的三娘子

美岱召城门上方镶嵌的石匾

记载了三娘子孙媳五兰妣吉在明万历三十四年（1606）修建泰和门的史实。

回，做了第二代顺义王夫人。黄台吉在位仅四年就去世了，他的儿子扯力克继承汗位，也娶三娘子为妻，她又成了第三代顺义王夫人。

明万历三十五年（1607）扯力克死时，他的儿子也已经去世，他的孙子卜失兔与三娘子的孙子素囊展开了六年的汗位争夺斗争，最后卜失兔取得胜利。卜失兔向年已花甲的三娘子求婚，三娘子起初坚决拒婚，但当明朝停止了蒙古的进贡和边境贸易后，为了民族利益，62 岁高龄的三娘子又与卜失兔成婚，创造了与四代顺义王结婚的奇迹。第二年，三娘子与世长辞。

三娘子在辅佐几任丈夫的数十年中，参与掌握兵权，负责管理边境贸易，为维护蒙明和平友好起了极其关键的作用。隆庆和议后，三娘子主持互市，严格遵守协议，凡是违反贡市协议的蒙古人，一概严惩不贷。有人抢夺明朝汉人 1 匹马，她下令罚马 2 匹、牛 1 头、羊 7 只；有人偷盗明军盔甲，被罚 18 头牛。由于边境社会和贸易秩序良好，互市口岸很快从最初的 4 处发展到 11 处，互市货物的数量大幅度增加，边界贸易出现了一派繁荣景象。

三娘子主政的 30 多年，是明代蒙古最为安定的时期。正因为如此，三娘子的名字和业绩在蒙古、藏、汉各民族中久久传颂。

>>>阅读指南

胡刃：《成吉思汗子孙秘传之佳人三嫁》。中国国际广播出版社，2013 年 8 月。

赵耀东：《蔚蓝色的故乡Ⅱ——三娘子的五色草原》。内蒙古教育出版社，2011 年 3 月。

>>>寻踪觅迹

美岱召　位于内蒙古土默特右旗北部大青山脚下，明万历三年（1575）由蒙古土默特部首领阿拉坦汗始建，是一处罕见的集寺庙、王府与城池为一体，汉、蒙古、藏风格相融合的建筑群。阿拉坦汗和三娘子曾在此居住和议政，喇嘛们也在此进行宗教活动。

80. 郑和下西洋

自 2005 年起，每年的 7 月 11 日被定为中国的航海日，这一天全国很多船舶都要挂彩旗、鸣笛，以纪念 1405 年 7 月 11 日明朝杰出的航海家郑和在江苏太仓首次启程下西洋。

明朝人所讲的西洋主要指今东南亚加里曼丹岛以西的印度洋北部地区。明成祖朱棣为了沟通西洋，扩大明朝在世界上的影响，招徕西洋各国来明朝朝贡和开展贸易，于永乐三年（1405）六月十五日（7 月 11 日）派 27800 名船员、医生、翻译等，分乘 62 艘"宝船"，组成庞大的船队，满载金银、绸缎、瓷器、茶叶、铁器等货物，从刘家港（今江苏太仓市浏河镇）出发，开赴西洋。到明宣德八年（1433），郑和的船队一共远航

郑和航海图（局部）

约绘制于郑和第六次下西洋之后。全图以南京为起点，沿中国大陆东海岸，最远到达东非的慢八撒（今肯尼亚蒙巴萨）。运用中国山水画的画法，按航行的先后顺序，由右至左绘成平行、不计方向的图卷。沿途标有山脉、岛屿、礁石、浅滩等地形，以及军营、庙宇、桥梁、宝塔等建筑，共收地名 500 多个。图中为福建沿海。

郑和钟
郑和为船队第七次出航祈求平安而铸，上有"风调雨顺""国泰民安"等字，并铸有祈求往返平安的铭文和八卦。福建博物院藏。

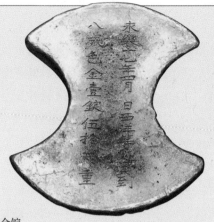

金锭
湖北钟祥市明梁庄王墓出土。上有"永乐十七年四月 日西洋等处买到八成色金壹锭伍拾两重"铭文，是郑和下西洋的见证之一。湖北省博物馆藏。

了 7 次，先后访问了东南亚、阿拉伯半岛和东非的 37 个国家，到过 60 多个地方，南达爪哇，北达波斯湾和红海口，最远到达赤道以南非洲东岸肯尼亚的蒙巴萨，开创了世界航海史上光辉的一页。

1405 年明朝船队第一次下西洋比意大利航海家哥伦布 1492 年发现美洲"新大陆"早了差不多 100 年。明朝的宝船，大船长约 138 米，宽约 56 米，综合应用了天文导航、罗盘导航、陆标导航、测量水深和地质等多种导航手段，相当准确地记录了航向、航程、停泊港口、暗礁、浅滩的分布，详细记录了全部航程中开辟的众多新航道，重要的出航地点有 20 余处，主要航线有 42 条之多，显示当时中国的造船业和航海技术处于世界领先水平。

明朝下西洋船队的统帅是回族航海家郑和。郑和是云南昆阳（今晋宁）宝山乡知代村回族人，原名马和。郑和父亲与祖父均信仰伊斯兰教，曾朝拜过伊斯兰教的圣地麦加，有航海经验，熟悉远方异域和海外各国的情况。郑和从小就听说了许多外国的事情，从而对外面的世界充满了强烈的好奇心。1381 年，在明军统一云南时郑和被擒获，遣送南京进入宫廷当了太监，后被分到北平为

>>>阅读指南
　　文景主编：《郑和》。中国人口出版社，2012 年 1 月。
　　晁中辰：《明代海外贸易研究》。故宫出版社，2013 年 3 月。

燕王朱棣服务。在燕王府期间，由于学习刻苦、聪明伶俐、才智过人、勤劳谨慎，郑和取得了朱棣的信任，被选为贴身侍卫，得到了更多展示才能的机会。他跟随朱棣出生入死，南征北战，为朱棣当上皇帝立下赫赫战功。朱棣继位后，提拔重用有功于他的武将文臣，郑和被提拔为宦官中最高的官职——内官监太监，并赐姓郑。

明朝船队在郑和的率领下浩浩荡荡地开赴西洋各地，很多国家知道了东方有一个强大的明朝，纷纷前来朝贡、贸易，明朝也换来了许多奇珍异宝，极大地满足了明朝君臣的欲望。于是，郑和也就一而再、再而三地被派率船队下西洋，直到生命结束于航海途中。

郑和下西洋还促进了东南亚各国的繁荣，对亚洲各国的政治、经济、文化都产生了深刻的影响。

福建长乐市潭头镇文石村明代码头遗址

南京郑和宝船遗址公园复原的郑和宝船模型

>>>寻踪觅迹

太仓郑和纪念馆 位于郑和船队起锚地江苏太仓市浏河镇天妃宫内，这里也是当年郑和出海前朝拜海神、祈求平安的地方，是收藏郑和下西洋史料最多的纪念馆之一。

南京郑和遗迹 主要有：郑和宝船厂遗址；原郑和府邸花园所在地郑和公园；下关天妃宫；静海寺；雨花台区铁心桥乡东向花村渤泥国（今文莱苏丹国）王墓；建康路41号净觉寺；江宁区谷里周防村郑和墓。

福建长乐郑和遗迹 主要有：郑和舟师驻泊港太平港；郑和题改塔名的宋塔三峰塔；郑和奏建官军祈报之所天妃行宫；郑和施财鼎建的道观三清宝殿；郑和祭海的文石天妃庙；洋屿乡郑和重建的云门寺；三宝岩；郑和驻军的十洋街等。此外还建有郑和史迹陈列馆、郑和航海馆等。

81. 商帮串联各民族

俗话说无商不富。人都有发财的梦想，但由于中国历代统治者都是重农抑商、以农业为根本，商人的社会地位并不高，因此农民很少弃农从商。到了明朝中后期，情况有了变化，一部分农民见有的人经商获得了丰厚的利润，便主动放弃耕作，洗脚上岸进城经商，追逐起了发财梦。明代文学家冯梦龙编纂的短篇通俗白话小说《徐老仆义愤成家》就描写了一个弃农进城经商的成功例子。

主人公徐老仆阿寄认准经商比耕种获利大，于是筹集资金去商海打拼，由于心眼活、脑子灵，不到十年时间，就挣下一个很大的家业，实现了发财梦。

当然，商海茫茫，变数无常，有成功自然也会有失败，冯梦龙的小说《桂员外途穷忏悔》描写的桂迁就是一个失败者。桂迁家种百亩田，本来过着比较殷实的生活，听别人说"农夫利薄，商贩利厚"，便发财心切，将田产以300两银子

皇都积胜图（局部）
描绘了明朝中后期北京城繁盛的景象。画面上行人车马熙来攘往，行商坐贾充盈京都，各种货物应有尽有。中国国家博物馆藏。

南都繁会图卷（局部）

描绘了明代南京城商业兴盛的场面。中国国家博物馆藏。

的低价抵给一位官员，筹得本金做起贩卖纱缎的生意，但由于不懂得经营，不久就血本无归了。

明代中后期，中国的封建经济正在走下坡路，代之而起的是商品经济的发展。大量农民弃农从商，出现史书所说的"末福居多，本福居少"的社会现象，即经商富起来的人占了多数，种田富起来的只有少数。农民为了追逐利益，也不断调整种植结构，什么值钱就种什么。福建的很多稻田改种了甘蔗，嘉定县（今上海嘉定区）则"托命于木棉"，即全部种了棉花。自给自足、悠然自得的小农经济逐步打破，一些地区的大米基本上靠商人从外地输入，刺激了商品经济的发展。走街串巷的小商小贩，不辞辛劳搞长途贩运的行商，招揽四面八方顾客的坐贾，腰缠万贯、生活奢侈、仰仗封建势力的特权商人，他们的足迹几乎遍布大半个中国。

明朝中后期出现这么繁荣的商品经济，主要原因是农业和手工业生产有了很大发展，人口大增。明代人口从永乐年间的 6500 万人增加到万历年间的 1.2 亿人。农业生产方面，风力水车得到广泛运用，龙骨车得到改善；发明了砒石

>>>阅读指南

李连利：《白银帝国——翻翻明朝的老账》。华中科技大学出版社，2012 年 6 月。

王俞现：《中国商帮 600 年》。中信出版社，2011 年 8 月。

徽派建筑门上的"商"字图案木雕，同时又像一个倒挂的元宝

歙县、婺源等徽州六县的徽商；临清、济宁、聊城、烟台一带的鲁商；以宁波为中心的浙商；以龙游县为中心，包括常山、衢州和江山的龙游商；苏州西南原吴县境内太湖中东部、西洞庭山的洞庭商；江西由人口流动形成的江右商；以福建沿海为中心的闽商；以广州、佛山为中心的粤商；与晋商同时兴起、亦被称为"晋商小兄弟"的陕商。

商品经济的发展，冲破了地区和民族的边界，国内市场已从封闭的地区性市场，走向全国统一的市场，使各民族的交流更加广泛、频繁，促进了民族的融合。

拌种、骨灰蘸秧根、区田法、提塘耕作法等先进耕作方法；福建、浙江有了两季稻，广东还有三季稻；引进并推广了玉米、花生、烟草、番薯、向日葵等作物；棉花种植有了更大发展。农业生产水平的提高，农产品的丰富，为工商业的发展提供了物质基础。这一时期，苏杭的丝绸业，广东佛山的冶铁和铁器铸造业，江西景德镇的制瓷业以及其他地方的棉纺织业，无论在生产技术还是生产规模上，都有了相当发展，出现了资本主义的萌芽。

商品经济的发展，使众多商人按照地域和经营的特点，逐步形成了十大主要商帮，即以山西晋中为中心的晋商；

82. 晋商：连接南北，沟通亚欧

清朝咸丰三年（1853），一个叫章嗣衡的官员向咸丰皇帝上了一道奏折。奏折中说：清朝疆域辽阔，建国二百多年来，经济发展，哪里会没有几十个大富豪？根据我的孤陋寡闻，仅山西太谷县的孙姓，财产就大约有两千多万，曹姓、贾姓财富各有四五百万，平遥县的侯姓、介休县之张姓，也各有三四百万……介休县百万之家以十计，祁县百万之家以数十计……

仅仅把山西这几个县城中富户的家产相加，数量就超过了一亿两白银，比当时清朝国库存银还要多！这么多有钱人，在一段时间里，集中出现在一个地方，这种现象在中国几千年的历史上并不多见。能积累起数以百万计的家产，当然不会是引车卖浆或织席贩履这样的小买卖，而应该是做着某种纵横天下的大生意。做大生意成功的人数这么多，是因为在历史上有一个实力强大的山西商人团体——晋商。

晋商是怎样形成的？他们为什么能发这么大的财？

洪武年间，为了解决北边驻军军饷

山西平遥古城南大街

是古城的中轴线，街道两旁老字号与传统名店铺林立，清朝时期这里控制着全国一半以上的金融机构，包括中国第一家现代银行的雏形日升昌票号（现为中国票号博物馆）、协同庆票号（现为协同庆钱庄博物馆）、镖局等，被誉为"中国的华尔街"。

不足的问题，明朝效仿宋朝的做法，制定了"开中法"，就是让商人把粮食运到边境粮仓，官府在收到粮食后，向商人发放贩运食盐的盐引，商人凭盐引到指定的盐场支取食盐，再到官府规定的销盐区贩卖，以获取利润。当时很多晋商都是跟着军队走的，军队到哪里，晋商就跟到哪里，因此获得了丰厚的利润。到了明朝中叶，开中

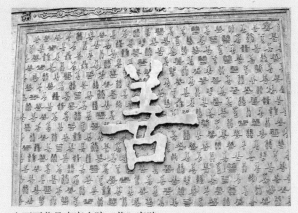

山西万荣县李家大院"善"字壁
正中凸显一个偌大的"善"字，四周写有 365 个不同字体的"善"字，是晋商留下的一份沉甸甸的善文化遗产。

法已经无法维持，明朝就实行改革，把官府付给商人的盐引改为直接付银子。这样一来，晋商就有了更大的资本，其经营也从边地转移到了内地，发展的速度明显加快了。

南宋之后，中国经济、文化的重心南移，海上丝绸之路更加繁盛起来，陆上丝绸之路有所衰弱，但在欧亚大陆上又形成了一个国际通道，即"茶叶之路"。晋商从今浙江杭州、福建武夷山、湖北汉口附近的羊楼山和赤壁等产茶区收购粗茶、砖茶，先用船运到汉口，再

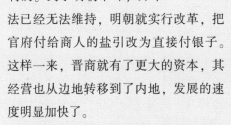

>>>阅读指南

张正明、张舒：《晋商兴衰史》。山西经济出版社，2010 年 5 月。

梁小民：《走马看商帮》。上海书店出版社，2011 年 5 月。

用骆驼、骡子运到归化城（今内蒙古呼和浩特）和张家口，在这两个地方重新组织大的驼队，运到库伦（今蒙古国乌兰巴托）等地，然后由库伦再往北走，到达恰克图（今俄罗斯境内）。在做茶叶生意的同时，聪明的晋商发现内蒙古羊皮很多，价格也非常便宜，于是又在内蒙古和内地之间做起了贩卖皮毛和粮食的生意。到明末，晋商已经成为社会经济领域的一支重要力量。

清朝建立后，晋商不但没有衰弱，反而走到鼎盛。早在明末清兵入关前，一些晋商即以张家口为基地，往返关内外，在从事贩贸活动的同时，为前清政权输送物资，甚至传递文书情报。清朝在后来统一全国的过程中，也得到过晋商的财力资助。晋商跟随清军，深入到各地，贩运军粮、军马等军需品，为清

山西晋中市榆次区常家庄园宏伟的门楼

常氏祖上在明代弘治初年迁此为人牧羊，后世子孙从开布铺、杂货店开始经商，发展到制茶等生意，经销到蒙古、俄、北欧，拓开万里茶路，绵延200余年，成为富甲一方的晋商巨贾。

军的军事行动提供了后勤保证，清政府也给予晋商独占其利的特权，使他们获利甚多。

中国封建社会的经济政策是重农抑商，价值取向是读书做官，重名轻利，而山西民风却以经商为荣。晋商虽然与官府保持着密切的关系，但并不直接介入政治圈，不直接介入官场斗争，并形成了值得后人传承发扬的优秀的商业伦理。晋商视信誉为命根，坚持信誉第一；注重团结，齐心协力；强调做买卖必须脚踏实地，不投机取巧，赚不骄傲，赔不气馁，宁可赔本也不做玷污商号招牌的事；经营上诚信为本，童叟无欺。清朝末年，山西平遥城内有一个靠讨饭为生的老太太，有一天突然拿着一张1200两的汇票，来到日升昌票号兑换白银。日升昌并不因为她是讨饭的而拒之门外，经查验无误后，立即将本息全额兑付。原来，这个老太太年轻时，丈夫在张家口做皮货生意，赚钱后办成汇票，藏在身上，不幸在回家途中染病身亡，老太太无依无靠，只好以讨饭为生。30年后，老太太在丈夫遗留的夹袄中发现了这张汇票，急忙去找日升昌，没想到还能顺利兑现。良好的商业道德，使晋商生意愈加红火。

晋商几百年的辉煌，对加强中国南北民族之间的交流与融合，以及沟通欧亚做出了积极的贡献，晋商文化也成为中华文化的重要组成部分。

>>>寻踪觅迹

山西晋中市 晋商故里，所辖榆次区、介休市、太谷县、祁县、平遥县、灵石县等晋商文化内涵丰富，矗立着众多高大气派、巍峨挺拔的明清建筑，太谷城、平遥古城、祁县老城、榆次老城风骨犹存，榆次常家庄园、灵石王家大院、太谷曹家大院、祁县乔家大院和渠家大院等驰名中外。

晋商博物馆 在北京、山西太原和晋中榆次，以及山西各地的晋商故宅大院内，都建有反映晋商历史和文化的各类专题博物馆。

83. 世界上最早的大百科全书《永乐大典》

嘉靖三十六年（1557），北京紫禁城发生大火灾，火烧连营，前三殿、奉天门、文武楼、午门全部被焚毁，损失惨重。火灾后，嘉靖皇帝做出一个重要的决定，召集109个儒生，抄写一部书，规定每人每天抄写三页，直至明穆宗隆庆元年（1567）四月才全部抄完。

这是一部什么书？为什么要花这么大的代价去抄写它？

这部书叫《永乐大典》。永乐元年（1403），明成祖朱棣命翰林院学士解缙、太子少保姚广孝为监修，编纂一部大型综合性类书，系统地收录天下古今书籍，以便于查考。解缙等人奉命组织了147人，经过一年多的努力，编纂完成，明成祖赐书名为《文献大成》。但是，明成祖审查后觉得收录的图书资料不全，还存在许多缺漏，很不满意，永乐三年（1405）又下令解缙等组织力量重新编纂。解缙等人再次召调朝野文士、四方宿学鸿儒、僧道名医和擅书能画的人才共3000余人，分任编辑、校订、审核、抄录、绘图诸项工作，在南京文渊阁开馆修书。三易寒暑，永乐五年

（1407）十一月，全书大体定稿。明成祖看后表示满意，亲自撰写了序言，正式定书名为《永乐大典》，并组织抄书者誊抄全书。1408年冬，《永乐大典》全书抄写完毕。

《永乐大典》共收录古代重要典籍七

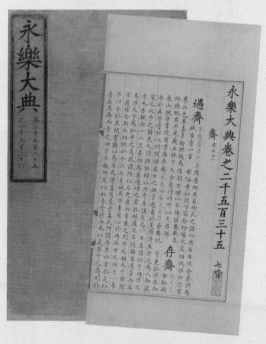

《永乐大典》封面及内文书体
《永乐大典》是用明代官方使用的"台阁体"抄写的，这是一种讲究黑、密、方、紧的楷书，清代称为"馆阁体"。参与清抄《永乐大典》的人有许多是各地有名的书法家，因此它也是一部书法大典。

八千种之多，上至先秦，下达明初，凡是能够搜罗到的都收录其中，经、史、子、集、释藏、道经、戏剧、平话、工技、农艺、医卜、文学等，无所不包，所辑录书籍，一字不改，全文照抄，保存了资料的原貌。《永乐大典》全书正文共 22877 卷，凡例和目录 60 卷，装订成 11095 册，总字数约 3.7 亿字，是中国历史上最大的一部百科全书，比西方著名的《不列颠百科全书》成书年代早了 300 多年。

《永乐大典》不仅篇幅巨大，收集广泛，而且缮写工整。书中的文字全部用毛笔以楷书写成，还有许多精致的插图，山川地形都以白描手法绘制，形态逼真，不愧为中华民族珍贵的文化遗产。

《永乐大典》编成后，珍藏在南京的文渊阁，明成祖迁都北京后，移藏于紫禁城宫城内的文楼。一部规模如此宏大的图书，当时仅抄写一部，差点被嘉靖三十六年的大火灾给烧了。因此，火灾之后，嘉靖皇帝下令再抄一部副本，其格式、装帧与永乐年的正本完全一致。

《永乐大典》正本在明朝灭亡之后下落不明。上千册书，码放起来约有 40 多立方米，这么大一部书，怎么会无声无

故宫博物院藏解缙草书唐宋诗文（局部）
《永乐大典》总纂修解缙有"大明第一才子"之称，他在学术、诗歌、书法、散文等方面都很有成就。

北京皇史宬（chéng）金匮
即云纹雕龙的木柜，用于收藏皇家的重要资料，包括历朝皇帝的实录和圣训、皇室的家谱——玉牒等。

北京皇史宬——明清皇家档案馆

息地消失了呢？这一直是中国文化史上的不解之谜。

《永乐大典》副本传到清代，由于管理不善，陆续有所散失。在光绪二十六年（1900）八国联军侵华时，《永乐大典》大多被焚毁，少数被掠往英、美、法、俄、日等国，有的被私家收藏，有的归入博物馆。现在残存的《永乐大典》为嘉靖年副本的一部分或其影印件，在全球范围尚存 400 余册、近 800 卷，不到原书的 4%！国内存 223 册，其中中国国家图书馆藏 221 册。

《永乐大典》的失散是中华民族文化的一个重大损失，残存的嘉靖年副本由于其重要的文献价值被学术界视为珍宝。

>>>阅读指南

陈红彦主讲：《永乐大典六百年》（DVD）。中国人民大学出版社，2012 年 8 月。

张升：《〈永乐大典〉流传与辑佚研究》。北京师范大学出版社，2010 年 6 月。

>>>寻踪觅迹

皇史宬 又称表章库，位于北京南池子大街南口，建成于明嘉靖十五年（1536），是明清两代的皇家档案馆。"宬"是指古代用于藏书的屋子。明朝时《永乐大典》副本曾存贮于皇史宬。

浙江宁波天一阁 建于明嘉靖年间，是中国现存年代最早的私家藏书楼，也是亚洲现有最古老的图书馆和世界最早的三大家族图书馆之一。

84. 从"格物致知"到"心即理也"

清人绘王阳明像

明朝有一个人叫王守仁，自号阳明子，后人称他王阳明。王守仁年轻时就向往做一个圣人，被他父亲认为太狂妄，并因此挨了父亲的耳光。王守仁非常崇拜宋代大思想家朱熹，并努力按照朱熹提出的"格物致知"理论加以实践。按照朱熹的理论，"格物致知"终能成为圣贤，就是说如果穷究了事物的原理，就能够懂得大道。王守仁是个有使命感的人，他希望能够通过"格物"达到圣人

的境界，于是便从自家花园亭子前面的竹子开始研究。他对着竹子拧紧眉头，想穷尽其中的理，坚持了七天，却没有悟出什么来，反而生了一场大病，因此被视为痴人。

宋代思想家周敦颐、张载、程颢、程颐等人以儒家经学为基础，兼收佛教、道家思想创立的理学，要求人们依照儒家伦理过道德高尚的生活，这种生活不仅体现人与人的关系，而且体现人与天的关系，使儒学进入了一个新的理论高度。明代王守仁等思想家又把宋朝的理学发展成为"心学"。他们认为，过去人们把儒学当作纯学问甚至做官的敲门砖，而不是用来修养身心，产生了不小的流弊，究其原因，在于朱熹的理学认为理在万物，要极物穷理。王守仁认为，理不在物而在心，"心即理也"。朱熹提出用道德规范（义务）去管束人，王守仁

>>>阅读指南

许葆云：《王阳明》。南京大学出版社，2012年8月。

王觉仁：《王阳明心学——修炼强大内心的神奇智慧》。湖南人民出版社，2013年6月。

王阳明书法

则变为用道德自觉（良心）去管束人。"心即理"的理论，只涉及道德良心、道德观念，大大高扬人的主观能动性，教人自尊无畏，即便是儒家圣贤也不盲从，使中国哲学发展进入一个新的境界。

王守仁把他的哲学思想运用于治国安邦之中，也收到了良好的效果。明嘉靖初年，广西田州土官和思恩州土官多年互相仇杀，导致地方生灵涂炭，朝廷派都御史姚镆（mò）发兵征讨。姚镆举措失当，一味征剿，遭到土官头目拼死反抗，酿成叛乱。嘉靖六年（1527）六月，56岁的王守仁奉命出征思、田二州，经过考察、分析，王守仁认为还是任用世袭的少数民族首领来管理壮族聚居的田州比较有效，朝廷任命的汉族官员只要做好对少数民族首领的监督和约束就可以了。王守仁把自己的想法和建议上奏后，得到了朝廷的认可，于是，叛乱土官接受招抚，一场流血冲突得以避免。

王守仁还主张启发式教育，反对惩罚式教育，教学方法上主张因材施教，并不拘于课堂一隅，或歌、或饮、或舞、或读、或赋、或问，极尽活泼。他认为在少数民族地区更应该创办学校，发展教育事业，在他做过官的广西和贵州，都建立了书院，影响深远。

>>>寻踪觅迹

王阳明纪念地 主要有：浙江余姚市瑞云楼，是王阳明的出生地；余姚王阳明故居，有王阳明生平事迹等陈列；浙江绍兴仙霞山麓王阳明墓。

85. 西南少数民族实情记录

明朝崇祯九年（1636），51 岁的徐霞客以鸡足山为主要目标，最后一次进云南考察。他从今江苏江阴出发，在南京迎福寺遇静闻和尚。静闻立志要在有生之年朝拜鸡足山佛教圣地，于是，二人便结伴同行。在湖南湘江渡口，他们遭土匪抢劫，不仅行李盘缠被抢劫一空，静闻还为掩护徐霞客和保住自己献给鸡足山的血书《法华经》，身负重伤。他们克服了难以想象的困难，艰苦跋涉了半

年多，到达今天广西南宁时，静闻因伤病交加、过度劳累去世了。临终前，静闻嘱托徐霞客把《法华经》和他的遗骨带到鸡足山。徐霞客含泪写下《哭静闻禅侣》诗六首，一个人继续前行，又经过整整两年的跋涉，于崇祯十一年（1638）腊月抵达鸡足山。

包括云南在内的中国西南地区气候炎热潮湿，山高水深，交通不便，少数民族文化传统与中原存在较大差别，北方人难以适应，因而长期以来被北方文人描述成"瘴疠之乡"、"不毛之地"、"化外之境"，视为畏途。历代封建王朝也把西南作为流配罪犯、贬谪官员的主要地区，缺乏深入了解导致的偏见长久难以消除。徐霞客使这种情况发生了改变。

明万历十五年（1587），徐霞客出生在江苏江阴一个富庶的书香门第之家。徐霞客的父亲一辈子不愿当官，喜欢到处游山玩水。徐霞客幼年受父亲影响，喜爱读历史、地理和探险、游记之类的书籍，从小就立志要遍游名

浙江宁海街头徐霞客游记雕塑

1613年（明万历四十一年）5 月 19 日，徐霞客从宁海出游，现存《徐霞客游记》开篇记载了这件事。

徐霞客在云南期间曾二上今宾川县的鸡足山

山大川。徐霞客 22 岁那年开始外出考察，一直到崇祯十四年（1641）55 岁时去世，30 多年里，他的绝大部分时间都在外地考察中度过。徐霞客先后游历了今江苏、安徽、浙江、山东、河北、河南、山西、陕西、福建、江西、湖北、湖南、广东、广西、贵州、云南等 16 个省、自治区，东到浙江的普陀山，西到云南的腾冲，南到广西南宁一带，北至今天津蓟县的盘山，足迹遍及大半个中国。在当时的交通条件下，除一部分地区可以骑马乘船外，许多地区要背着行李徒步跋涉，而且徐霞客考察的地方许多是穷乡僻壤，或者是人迹罕至的边疆地区，他曾数次出生入死。

徐霞客每到一个地方，都详细地记录自己的所见所闻，可惜这些记录后来大多散失了，留下来的经过后人整理成书，就是今天看到的有 40 多万字的《徐霞客游记》。

《徐霞客游记》留存至今的共 10 卷，其中西南行的有 9 卷，云南行就占了 5 卷。在 1637 年四月至 1640 年六月的三

>>>阅读指南
《徐霞客游记》。
林涵：《徐霞客》。辽海出版社，2012 年 5 月。

云南丽江木府徐霞客题词照壁

1639年初，徐霞客到达丽江，受到木增土司的热情接待。木府宏伟的建筑给徐霞客留下了"宫室之丽拟于王者"的印象。徐霞客积劳成疾，瘫痪不能行。木增派强壮的纳西族汉子用竹轿抬着徐霞客，经过150天的跋涉，将他送到湖北黄冈，再由徐霞客的友人备船将他送回江阴老家。

年多时间里，徐霞客考察了今广西、贵州、云南三省区，特别是在云南考察的近两年，成为徐霞客一生旅行考察最辉煌、最富有成就的时期。他常常仰攀山巅，入洞探幽，拂苔读碑，细心考察当地的地理风貌，同时深入村寨民宅察访沿途的民族状况，考察内容十分广泛。

《徐霞客游记》的内容涉及地理、地质、文学、历史、社会学、民族学等许多领域，比较真实、客观地反映了西南地区的实际情况。徐霞客不仅描述了西南少数民族地区奇特瑰丽的自然风光，对所到之处的经济、交通、城镇聚落、居民生活等，也有精彩的记述。徐霞客采撷的各民族风情习俗，他与各民族友好交流、和睦相处的许多记载，为人们了解西南少数民族的风土人情留下了珍贵的资料，对人们消除偏见，促进各民族友好往来作出了宝贵贡献。

>>>**寻踪觅迹**

徐霞客纪念地 江苏江阴市霞客镇有徐霞客故居、胜水桥、晴山堂石刻、徐霞客墓等。此外，在徐霞客到过的许多地方，包括一些风景名胜区，也都建有徐霞客塑像、徐霞客纪念馆（室），展示徐霞客的题词题刻等。

86. 中国家具工艺的顶峰

中国古代人们的起居方式是席地坐，家具主要是低矮型的。汉代是低矮型家具的高峰，形成了彩漆家具。自魏晋至唐代，席地坐的习俗逐渐改变，家具也由低矮型向垂足高坐型转变，形成新式高足家具的完整组合。宋元时期高型家具得到普遍发展。中国古代家具多以木材制成，因木头易腐损，很难长期保存，所以宋代以前的家具很少保留下来。

明代是中国家具发展的顶峰，明式家具有非常高的艺术价值。在用料方面，

明代家具采用性坚质细的硬木制作，如黄花梨木、紫檀木、铁梨木、鸡翅木、榉木、楠木等珍贵木材，并且重视材质本身的自然纹理和色彩。

在造型上，明式家具突出的特点是简练、典雅、大方，比例尺寸和谐，各部分都较为匀称协调，侧角收分明显，在视觉上给人以稳重感，同时每一个构件都功能明确，没有多余的造作之举。

明式家具非常符合人体学原理，如椅凳坐面高度在40厘米至50厘米之间，

黄花梨木圆背交椅
因椅足呈交叉状而得名，是较常见也是最有特色的明式家具。上海博物馆藏。

黄花梨四出头官帽椅
形成于宋元时期，因造型酷似宋代官员的官帽而得名。明代有交椅、圈椅、官帽椅三分天下之说。上海博物馆藏。

明代黄花梨折叠式镜台
上海博物馆藏。

明代黄花梨木束腰霸王枨（chéng）方凳
上海博物馆藏。

明代黄花梨木五足内卷香几
上海博物馆藏。

大体与人的小腿高度相当，人坐在上面很舒适。

在结构方面，明式家具非常严谨，卯榫精密，做工精细。明式家具装饰适度，繁简相宜。装饰手法多种多样，雕、镶、嵌、描都有。装饰用材也十分广泛，有珐琅螺钿、竹、象牙、玉、石等。有金属饰件的，则式样玲珑，色泽柔和。

明朝流传下来的家具精品数量非常少，正因为如此，一般的家具收藏家手中藏有一两件明代家具，就已经是一件足以自傲的事了。当代全世界都公认明代家具是一个十分重要的流派。

>>>阅读指南

王世襄：《明式家具研究》。生活·读书·新知三联书店，2008 年 8 月。

杨海涛：《古代家具知识 30 讲》。荣宝斋出版社，2008 年 8 月。

>>>寻踪觅迹

上海博物馆　古代家具馆有明清家具专题陈列。此外，故宫博物院以及全国各地的公共博物馆也有相关收藏。

观复博物馆　位于北京朝阳区大山子张万坟金南路，设有陶瓷、家具、工艺、门窗、摄影、油画及多功能馆。全国各地私立博物馆也有古代家具收藏。

87. 中国文学发展的新高峰

江苏扬州博物馆藏吴承恩行书扇页

今天，上过中学的人，恐怕没有不知道四大古典文学名著的。所谓四大名著，是指《三国演义》、《西游记》、《水浒传》、《红楼梦》这四部白话通俗小说。四大名著在整个华人世界中有着深远的影响。

从唐朝至元朝，中国文学发展高峰的标志分别是唐诗、宋词、元曲，到了明朝，小说成为中国文学发展的又一个新高峰。小说是一种以塑造人物、叙述故事、描写环境来反映生活、表达思想的文学体裁，明朝二百多年的历史中，小说发展呈现了空前繁荣的景象，真可谓百花争艳，奇葩满园。

明代小说按文体总的可分为文言小说和白话通俗小说两种类型，其中白话通俗小说的成就最为突出，元末明初就产生了罗贯中的《三国演义》和施耐庵的《水浒传》这两部相当成熟的巨著。

如果按内容和创作方式的差异分类，明代小说还可分为历史演义、英雄传奇、神魔小说和人情小说四大分支。明代小

>>>阅读指南

郭箴一：《中国小说史》。中国社会科学出版社，2010 年 1 月。

罗宗强：《明代文学思想史》。中华书局，2013 年 1 月。

电视剧《西游记》剧照

《三国演义》描写的故事成为后世源源不断的创作源泉

明代也是白话短篇小说发展的重要时期。明中叶之后，一些文人模拟宋元以来流传的小说话本形式进行创作，发展成为新型的更为成熟的白话短篇小说，并在明末清初形成创作高潮。冯梦龙的《喻世明言》、《警世通言》、《醒世恒言》，凌濛初的《初刻拍案惊奇》、《二刻拍案惊奇》最有代表性，被称为"三言二拍"。

明朝小说作家众多，作品丰富，体裁多样，影响深远，很多作品都被译成多国文字，被改编为众多不同体裁的表现形式，深入人心。从明代开始，小说充分显示了它的社会作用和文学价值，打破了正统诗文的垄断，在文学史上取得与唐诗、宋词、元曲并列的地位。

说的创作非常繁荣，以历史、神魔、世情等为题材，传奇、话本、章回小说等各种体裁均有相当数量的作品问世。《三国演义》、《水浒传》、《西游记》和《金瓶梅》是明代小说中最为出色的四部长篇作品，被清代人称为"四大奇书"。

>>>寻踪觅迹

吴承恩纪念地 江苏淮安市有吴承恩墓，他的故居内建有纪念馆。

罗贯中纪念地 罗贯中籍贯有山西太原、山东东平、浙江钱塘和慈溪等多种说法。山东东平县和山西清徐县均建有罗贯中纪念馆，山西祁县河湾村传为罗贯中后代聚居地之一。

施耐庵纪念地 江苏兴化市新垛镇施家桥村有施耐庵墓园和纪念馆。

88. 中华医药学的新高峰

一天，李时珍来到湖口，见一群人正抬着棺材送葬，而棺材里直往外渗血。李时珍上前一看，见渗出的是鲜血，于是赶忙拦住人群，说棺材里的人还有救，众人都不相信。死者已经入棺，开棺是很不吉利的事，可万一人还有救……李时珍看出了大家的心思，反复进行劝说，主人终于答应开棺一试。

"死者"是个孕妇，她实际上只是难产休克。李时珍先是进行了一番按摩，然后在妇人心窝处扎了一针，不一会儿，妇人轻轻哼了一声，醒了过来。不久之后，妇人顺利生下一个儿子。李时珍开棺救母子的故事迅速传开了，从此声名远播。

李时珍是明朝蕲州（今湖北蕲春县）人，他的祖父和父亲都是医生。李时珍从小就跟着父亲和哥哥采集草药，帮父亲抄写药方，听父亲讲解药物学知识，学到了丰富的临床知识。李时珍发现古

黑漆描金龙纹药柜
明万历年制，是宫廷御药房所用药柜。
故宫博物院和中国国家博物馆各藏一件。

村医图（局部）
宋代李唐作。描绘走方郎中（村医）用艾火熏灼的方法为村民治病的情景。台北"故宫"藏。

铁质药臼与药杵
晋代。陕西澄城县出土，陕西医史博物馆藏。

代的药书有很多错误，便立下雄心壮志，要编写一部新的药书。从此，李时珍一边行医，一边阅读大量书籍，做笔记、考证材料，并翻山越岭进行实地考察，还深入民间搜集各种药方。经过长达 27 年的艰辛努力，李时珍写成了《本草纲目》这部伟大的药物学巨著。

《本草纲目》共 52 卷，以药物的天然来源和属性为纲，分为 16 部 60 类，共记载药物 1892 种，附药物图谱 1100 余幅，收集古代医家和民间流传方剂 1.1 万余个，系统总结了 16 世纪以前的药物学知识经验，对中国药物学的发展起了重要作用。全书涉及生物、化学、天文、地理、地质、矿产、历史等知识成就，还是一部博物学著作。

《本草纲目》对后世影响很大，至今仍

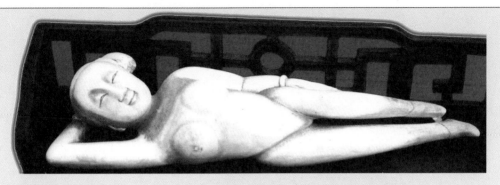

清代牙雕仕女卧床像

古代医生出诊常备用具。古代贵妇患病，医生不能直接接触检查，只可由侍女在雕像上指示病位，医生据此进行判断、诊病。广州中医药大学医史展览馆藏。

是一部有重大学术价值的古代科学文献，已被译成日、英、德、法、拉丁、俄等多种文字。

除李时珍外，明朝还出现了许多杰出的医学家。吴县（今江苏苏州）洞庭东山人吴有性，针对明代多次流行瘟疫的情况，潜心探索瘟病的治疗方法，写成了《瘟疫论》一书。《瘟疫论》记载了各种传染病的治疗方法，包括伤寒、感冒、疟疾、痘疹（水痘、天花）、绞肠痧（霍乱）、疙瘩瘟（腺鼠疫）、虾蟆瘟（腮腺炎）、鼠瘘（颈淋巴结核）、目赤肿痛（眼结膜炎、沙眼）、病瘅发黄（肝炎、黄疸）等，从而开创了瘟病学派，是中医发展的一次重大突破。

江苏南通的陈实功著有《外科正宗》一书，在许多外科疾病的病因、诊断、治疗、护理以及有关科学依据和学理等方面，明显超过了前人。陈实功对癌症也有深刻的认识，并对癌症进行了分类，有乳岩（乳腺癌）、翻花疮（皮肤癌）、

茧唇（唇癌）、颈疬（淋巴癌）、鼻咽以及内脏等癌症。陈实功把癌症命名为"失荣症"，指出忧郁、所愿不得志以及不良刺激等因素是导致癌症的重要原因，改变了过去外科只重治疗术而不深研医理的状况。

明朝众多的医家和医书把中华传统医药学推向一个新的高峰。

>>>阅读指南

王剑：《李时珍大传》。中国中医药出版社，2011年6月

姜春华：《历代中医学家评析》。上海科学技术出版社，2010年10月。

>>>寻踪觅迹

李时珍纪念地 湖北蕲春县竹林湖村有李时珍墓和李时珍纪念馆。

中医药博物馆 上海、北京、广东、成都等地一些中医药类大学和苏州、杭州、西安等地均建有与中医药有关的博物馆。

89. 后金崛起 明朝灭亡

明崇祯款兽面耳炉

曾经叱咤风云的女真族，到元明时期只剩下一些留居祖地的部落，沦为蒙古或明朝控制下的一个纳贡部落。到了16世纪中叶，以赫图阿拉（今辽宁新宾县）为中心、活跃于苏子河上游的女真族，在他们的老祖宗建立的金国被蒙古大军消灭三百多年之后，又重新登上了历史舞台。

明万历十一年（1583）五月，女真人努尔哈赤以13副铠甲、30个部众起家，之后几十年，逐渐吞并了其他女真部落，并几乎占领了整个东北地区。万历四十

四年（1616），努尔哈赤建立大金国，史称后金，随后就把征服的目标直指中原。由于蒙古介于金、明之间，要进取中原必须先征服蒙古各部，扫除南下的障碍。努尔哈赤在统一女真族的过程中，一直不断地采取威逼利诱等手段，迫使与女真毗邻的蒙古科尔沁、喀喇沁、察哈尔、扎鲁特等部落臣服纳贡，并与女真贵族结亲。

明朝也看出了努尔哈赤图谋中原的意图和咄咄逼人之势，以扶持蒙古族林

>>>小贴士

南明 明崇祯十七年（1644）三月，明朝首都被李自成的农民起义军攻陷，崇祯皇帝自杀，以崇祯皇帝为首的明朝覆亡。明朝宗室及遗留大臣先后在南方建立弘光、隆武、鲁王、绍武及永历等政权，辗转今南京、福建、浙江、广东、广西等地，抗清复明，历时18年，如果加上台湾的郑氏政权，则为40年，史称南明或后明。南明是明朝的延续，也是清初历史的组成部分。

丹汗的办法，作为明朝的屏障。明朝答应每年给林丹汗4000两银，后来又增至8.1万两，林丹汗则表示与明朝联合共同对抗后金。

努尔哈赤深知明蒙团结合作对他向外扩张是一个巨大的障碍，因此极力挑拨、离间明蒙关系，破坏明蒙联合。由于明朝内部派系倾轧，后金军队南下势如破竹，明朝很快便失守辽东，到1622年，明军全部撤入山海关内。蒙古族兀鲁特、喀尔喀等部归附后金。

明天启六年（1626）八月，努尔哈赤在与明军作战受伤后得病而死，其子皇太极继位，继续采取威胁利诱、分化瓦解的手段，各个击破、征服蒙古族。明崇祯五年（1632）四月，皇太极发动了对林丹汗的大规模攻击，林丹汗请求明朝援助，但明朝正忙于镇压中原地区的农民大起义，自顾不暇，哪里腾得出力量？林丹汗败退青海，蒙古汗国的残余势力最后消失了。

崇祯二年（1629）八月，皇太极率

明万历皇帝的乌纱翼善冠
北京万历皇帝定陵出土。帽上龙身为金丝缧制，嵌猫眼石和黄、红、蓝、绿宝石及珍珠等，精美华贵。

"内府"白瓷梅瓶
明朝宫廷之物，首都博物馆藏。

北京景山公园崇祯自缢处

明崇祯十七年（1644）三月十九日，李自成的农民起义军攻入北京，崇祯皇帝在此处的一棵树上自缢殉国，明朝灭亡。

十万大军，避开明朝的东部防线，绕道蒙古，突破长城，攻陷遵化（今河北遵化市），进逼北京。在骚扰、大肆掳掠数月之后，皇太极留下一封致明朝皇帝的请和信，率军北撤，史称"己巳之变"。

看到明朝如此脆弱，皇太极已不满足于称金国汗。明崇祯九年（1636），皇太极自称皇帝，改国号为"清"，改女真族名为"满洲"。接着，清军不断越过长城与明朝开战，明朝精心构筑的长城防线形同虚设。到1643年八月皇太极去世时，山海关以外的地盘几乎全部被清占领，第二年，清军入关，明朝灭亡。

>>>阅读指南

阎崇年：《明亡清兴六十年》（彩图珍藏版）。中华书局，2008年1月。

顾诚：《南明史》。光明日报出版社，2011年8月。

>>>寻踪觅迹

河北遵化市　北倚长城，西顾北京，境内长城沿线重要关口有20余处，如马兰峪、洪山口、马蹄峪、秋科峪等。1629年，努尔哈赤在大安口等地突破明军防线，假道遵化攻入北京。除长城外，遵化明朝文化遗址还有铁厂、永旺塔、洪山口戏楼、阎家沟太监墓以及崇祯皇帝敕命、诰命碑等。

古今民族（族群）名称